新HSK（四级）模拟试卷及解析

东方汉院　编制

主编：陈　香

编者：陈　香　梁耀中　李　侠

　　　常　浩　李小红　郑　凯

　　　包　倩　李晓娜　李群虹

　　　李向宏

First Edition 2011
Third Printing 2024

ISBN 978-7-5138-0085-3
Copyright 2011 by Sinolingua Co., Ltd
Published by Sinolingua Co., Ltd
24 Baiwanzhuang Street, Beijing 100037, China
Tel: (86)10-68320585 68997826
Fax: (86)10-68997826 68326333
http://www.sinolingua.com.cn
E-mail: hyjx@sinolingua.com.cn
Printed by Beijing Hucais Culture Communication Co., Ltd

Printed in the People's Republic of China

前　言

为满足广大考生的急切要求，我们在钻研国家汉办新汉语水平考试（四级）大纲和样卷的基础上，编写了《新HSK（四级）模拟试卷及解析》一书，力求从内容和形式上把握真题的特点、重点和难点。

在内容方面，在与旧HSK比较的基础上，我们及时把握当前新HSK考试内容的特点。如在听力内容方面，本书侧重考查与实际生活紧密联系的生活场景中的对话，同时，还增加了商务汉语的听力内容，这也是新HSK与旧HSK很大的不同之处。在阅读内容方面，我们偏重选择能体现中国文化精髓的阅读语料，在考查学生阅读水平的同时，能让考生进一步了解中国文化。在"完成句子"部分，我们选用了交际中常使用的词语，同时注意在语法点上的选取，展现汉语语法的整体特点和基本框架。在看图用词造句的题目编写上，我们尽量采用难词和容易词相结合的方式，在词性、词义内容方面都有所斟酌和取舍；选择人们在生活中易见的场景图片，力求贴近真题图画。

在形式方面，我们在研究样题的基础上，尽量将听力、阅读、书写等各个部分的文字数量、题型与真题靠拢，给考生提供一种如真正考试的现场感。

此外，本书与同类书相比，最大的优势在于：我们对每套试题及答案进行了详细的讲解和分析，让考生在备考阶段不仅通过本书提供的五套模拟试卷达到练习的目的，而且还能掌握备考方法。在听力、阅读、书写的各个部分，我们在答案解析中均给出了精确的应考指导，一步一步指引考生理解题意，按照正确的思路做出答案。

我们希望考生能通过此书尽快熟悉新HSK的考试题型，希望使用者能高质量地演练习题，在新HSK考试中最大限度地发挥自己的水平，取得满意的成绩。

本书编写者为来自东方汉院的新 HSK 考试辅导专家，同时我们的研究还得到了中央财经大学一线教师的指导和支持，在此一并表示感谢。

本书的部分材料是从一些资料中精挑细选出来的，谨在此向原作者表示感谢。由于部分原作者未能及时找到，所以敬请原作者见到本书后，尽快与我们联系。

联系人：陈老师

邮　　箱：towit5355@163.com

编　者

主编简介

陈香，语言学及应用语言学博士，对外汉语教学方向。从 2004 年开始从事对外汉语教学，主要负责 HSK 考前培训，讲解各种题型的解题方法和应试技巧。现为中央财经大学国际文化交流学院对外汉语教师。

目 录

新 HSK（四级）介绍 ·· VII

模拟试卷（一） ··· 1
听力材料 ··· 17
答案及解析 ·· 23

模拟试卷（二） ··· 32
听力材料 ··· 48
答案及解析 ·· 54

模拟试卷（三） ··· 62
听力材料 ··· 78
答案及解析 bqt ··· 84

模拟试卷（四） ··· 93
听力材料 ··· 109
答案及解析 ·· 115

模拟试卷（五） ··· 123
听力材料 ··· 139
答案及解析 ·· 145

新 HSK（四级）介绍

新汉语水平考试（HSK）是国家汉办组织专家，在吸收原有 HSK 优点的基础上，以《国际汉语能力标准》为依据而推出的一项国际汉语能力标准化考试。

新 HSK（四级）相当于旧 HSK 初中等，与旧 HSK 的不同：新 HSK（四级）在考试内容上去掉了原有的语法专项题、综合填空题，保留了原有的听力题、阅读题，同时新增了书写部分的题目。虽保留了原有的听力题，但在听力题的考试形式和内容上也与旧 HSK 不同。新 HSK（四级）听力题增加了听句子判断对错的题型。在内容上，新 HSK 新增了许多更贴近生活、交际使用和商务话题的听力题目。在新增的阅读部分，增加了选词填空等题型。在新增的书写部分，新 HSK（四级）增加了完成句子、看图用词造句题型，内容上也更具有交际功能。总之，新 HSK（四级）在考试目的上更侧重考查学生的交际能力，在考试形式上分别从听、读、写三个方面来进行。

新 HSK（四级）的具体考试时间和分值安排如下：

考试题型	试题数量	考试时间
一、听力	45 个	约 30 分钟
二、阅读	40 个	40 分钟
三、书写	15 个	25 分钟

全部考试约 105 分钟

适合参加新 HSK（四级）考试的考生：学习汉语的时间为 2 年，每周 2-4 课时，掌握词汇量在 1200 个左右。

与旧 HSK 的等级关系：新 HSK 四级对应于旧 HSK 的 3-5 级。

新 HSK（四级）考试时间：新 HSK（四级）几乎每个月都有考试，具体的考试时间请登陆国家汉办官方网站：http://www.hanban.edu.cn/tests

选择考点可登陆汉语考试服务网 http://www.chinesetesting.cn/gokdinfo.do 进行查询，报

名截止日期为考试日期前 27 天。

新 HSK（四级）在中国大陆的考试费用为 450 元。在其他地区，由于汇率等因素的不同，考试费用也有所不同，具体费用请咨询选择的考点。

考试时请带好 2B 铅笔、钢笔、护照和准考证。

考试结束一个月后可登陆汉语考试服务网查询考试成绩：

http://www.chinesetesting.cn/goquery.do（请保留好准考证号）

同时，考试结束一个月后也可领取国家汉办颁发的证书。

新 HSK（四级）的考试成绩计算：听力、阅读、书写每部分 100 分，整份试卷 300 分，180 分为及格分数，及格后将颁发成绩证书。

编 者

附：新旧 HSK 分数的对应关系

旧 HSK 证书等级		旧 HSK 分数段	旧 HSK 级别	新 4 级 总分 300	新 5 级 总分 300	新 6 级 总分 300
初中等 总分 （400）	初等证书 C	152-	3 级	*180-		
	初等证书 B	189-	4 级	195-		
	初等证书 A	226-	5 级	210-		
	中等证书 C	263-	6 级		180-	
	中等证书 B	300-	7 级		195-	
	中等证书 A	337-	8 级		210-	
高等 总分 （500）	高等证书 C	280-	9 级			180-
	高等证书 B	340-	10 级			195-
	高等证书 A	400-	11 级			210-

模拟试卷（一）

新汉语水平考试
HSK（四级）

注　意

一、HSK（四级）分三部分：

　　1. 听力（45题，约30分钟）

　　2. 阅读（40题，40分钟）

　　3. 书写（15题，25分钟）

二、听力结束后，有5分钟填写答题卡。

三、全部考试约105分钟（含考生填写个人信息时间5分钟）。

一、听 力

第一部分

第1-10题：判断对错。

例如：我想去办个信用卡，今天下午你有时间吗？陪我去一趟银行？

  ★ 他打算下午去银行。 （ ✓ ）

  现在我很少看电视，其中一个原因是，广告太多了，不管什么时间，也不管什么节目，只要你打开电视，总能看到那么多的广告，浪费我的时间。

  ★ 他喜欢看电视广告。 （ × ）

1. ★ 她的职业是医生。 （ ）

2. ★ 丢失的钱包里有信用卡。 （ ）

3. ★ 他想在咖啡馆里上网。 （ ）

4. ★ 现在食品的价格没有变化。 （ ）

5. ★ 复印店离教学楼很远。 （ ）

6. ★ 今天是一个节日。 （ ）

7. ★ 李老师以前是教授。 （ ）

8. ★ 他一会儿没有课。 （ ）

9. ★ 他的女朋友其实很活泼、很可爱。 （ ）

10. ★ 中国有五十六个民族。 （ ）

第二部分

第 11-25 题：请选出正确答案。

例如：女：该加油了，去机场的路上有加油站吗？
　　　男：有，你放心吧。
　　　问：男的主要 是什么意思？

　　　　　A 去机场　　　B 快到了　　　C 油是满的　　　D 有加油站 ✓

11. A 他有奖金　　　B 他在加班　　　C 他还没有奖金　D 他在小公司

12. A 不成熟　　　　B 没有结婚　　　C 是个女的　　　D 快有孩子了

13. A 发邮件　　　　B 写文件　　　　C 法律文件　　　D 翻译文件

14. A 通过了考试　　B 考试全错　　　C 是中国人　　　D 考试粗心

15. A 书店　　　　　B 图书馆　　　　C 办公室　　　　D 会议室

16. A 兄妹　　　　　B 同事　　　　　C 父女　　　　　D 夫妻

17. A 是上海人　　　B 去过上海　　　C 不喜欢上海　　D 没有去过上海

18. A 他是导游　　　B 喜欢旅游　　　C 家在桂林　　　D 喜欢女的

19. A 是男教师　　　B 是汉语教师　　C 没有结婚　　　D 常帮助学生

20. A 做运动　　　　B 不想出去　　　C 散步聊天　　　D 在屋里聊天

21. A 100元　　　　B 300元　　　　C 200元　　　　D 400元

22. A 有钱的　　　B 长得帅　　　C 有责任感　　D 有幽默感

23. A 老师　　　　B 司机　　　　C 演员　　　　D 护士

24. A 啤酒　　　　B 葡萄酒　　　C 白酒　　　　D 啤酒和葡萄酒

25. A 开心　　　　B 失望　　　　C 紧张　　　　D 生气

第三部分

第 26-45 题：请选出正确答案。

例如：男：把这个文件复印五份，一会儿拿到会议室发给大家。

女：好的。会议是下午三点吗？

男：改了。三点半，推迟了半个小时。

女：好，六零二会议室没变吧？

男：对，没变。

问：会议几点开始？

    A 两点   B 3点   C 3：30 ✓   D 6点

26. A 大学生   B 老师   C 医生   D 演员

27. A 香山   B 公园   C 西山   D 黄山

28. A 桌子上   B 地上   C 自行车上   D 柜子上

29. A 一个   B 两个   C 3个   D 4个

30. A 狗可爱   B 狗听话   C 狗干净   D 狗友好

31. A 售票员   B 工人   C 老师   D 医生

32. A 办公室   B 商店   C 饭馆   D 家里

33. A 买东西   B 运动   C 吃饭   D 寄东西

34. A 唱歌   B 跑步   C 吃饭   D 跳舞

35. A 两点　　　　　B 3点　　　　　　C 3:30　　　　　D 4点

36. A 篮球　　　　　B 游泳　　　　　　C 足球　　　　　D 网球

37. A 生活　　　　　B 家庭　　　　　　C 爱好　　　　　D 性格

38. A 故宫　　　　　B 后海　　　　　　C 圆明园　　　　D 北海公园

39. A 请假　　　　　B 报名　　　　　　C 集合　　　　　D 睡觉

40. A 运动　　　　　B 不吃东西　　　　C 健康减肥　　　D 健康生活

41. A 少食　　　　　B 运动　　　　　　C 不吃晚饭　　　D 注意饮食和运动

42. A 广告中　　　　B 书本中　　　　　C 海报上　　　　D 新闻中

43. A 忘记缺点　　　B 常想缺点　　　　C 忘记错误　　　D 不要总想缺点

44. A 第一位　　　　B 第二位　　　　　C 第三位　　　　D 第四位

45. A 国土面积　　　B 南北方气候　　　C 冬天的气温　　D 北方地区

二、阅 读

第一部分

第46-50题：选词填空。

  A 提醒 B 幽默 C 自然 D 坚持 E 专业 F 最后

例如：她每天都（D）走路上下班，所以身体一直很不错。

46. 明天可能下雨，你记得（　　）儿子带雨伞。

47. 他经常给我们讲笑话，是一个有（　　）感的人。

48. （　　）他们结婚了，并且幸福地生活在一起。

49. 云南的（　　）风景很美丽，我想去那里旅游。

50. 你马上要进入大学了，想读什么（　　）呢?

第51-55题：选词填空。

A 组织　　B 至少　　C 温度　　D 无聊　　E 通知　　F 受不了

例如：A：今天真冷啊，好像白天最高（C）才2℃。
　　　B：刚才电视里说明天更冷。

51. A：我想要减肥，你有什么好的建议吗？
　　B：首先，你每天（　）应该慢跑30分钟。

52. A：这学期都有什么集体活动啊？
　　B：十月份的时候我们会（　）一次秋游活动。

53. A：这儿的夏天太热了，我快（　）了！
　　B：我刚买的西瓜，过来吃吧。

54. A：今天去看电影啦？有意思吗？
　　B：非常（　）的一部电影，真后悔去看了。

55. A：我今天看到学校的（　）说下周五不上课。
　　B：真的吗？太好了！我可以好好休息了。

第二部分

第 56-65 题：排列顺序。

例如：A：可是今天起晚了

　　　B：平时我骑自行车上下班

　　　C：所以就打车来公司　　　　　　　　　　　　　　B　A　C

56. A：所以和朋友去看了精彩的表演

　　 B：我们看得很开心

　　 C：昨天晚上我没有课　　　　　　　　　　　　　＿＿＿＿＿＿

57. A：就应该努力学习

　　 B：将来实现自己的理想

　　 C：既然你想成为记者　　　　　　　　　　　　　＿＿＿＿＿＿

58. A：他才刚开始上班

　　 B：但还是买了一辆车

　　 C：虽然工资不高　　　　　　　　　　　　　　　＿＿＿＿＿＿

59. A：所以我建议你坐地铁过去

　　 B：明天上午七八点时肯定堵车

　　 C：如果你坐公交车的话　　　　　　　　　　　　＿＿＿＿＿＿

60. A：听说最近商店正在打折

   B：我们去购物吧

   C：这个周末有空吗   _____

61. A：那里的空气十分干燥

   B：每天一定要多喝水

   C：为了更好地保护皮肤   _____

62. A：但是没有拿到签证

   B：梦见自己要去美国留学

   C：昨天晚上我做了一个梦   _____

63. A：他在雨中等了两个多小时

   B：他只能伤心而失望地离开了

   C：但最后她还是没有来   _____

64. A：就可以轻松学好汉语

   B：学习汉语并不困难

   C：只要你掌握了正确的方法   _____

65. A：但家里很干净

   B：所有东西也整理得非常整齐

   C：他家虽然又小又窄   _____

第三部分

第66-85题：请选出正确答案。

例如：她很活泼，说话很有趣，总能给我们带来快乐，我们都喜欢和她在一起。

  ★ 她是个什么样的人？
  A 幽默 ✓   B 马虎   C 骄傲   D 害羞

66. 她平时特别文静，不怎么喜欢说话，和陌生人说话时还会脸红呢。
  ★ 她是一个什么样的人？
  A 热情   B 害羞   C 幽默   D 勇敢

67. 他的姿势非常漂亮，手脚协调十分灵活，在水中像鱼一样，游得非常快。
  ★ 这段主要谈他做什么？
  A 打网球   B 游泳   C 弹钢琴   D 打篮球

68. 西红柿不但味道甜美，而且含有丰富的维生素，多吃有益于身体健康。
  ★ 西红柿怎么样？
  A 味道不错   B 价格很贵   C 对身体有害   D 不好吃

69. 我非常喜欢阅读，尤其喜欢看文学类的书籍，如小说、诗歌、散文等等。我最喜欢的中国作家是沈从文先生。
  ★ 这段主要谈我喜欢什么？
  A 学习   B 文学   C 看书   D 作家

70. 我明天要去韩国，以前都是坐飞机过去，但这次我已经决定从威海乘船过去，来一次海上旅行。

　　★ 我这次要怎么去韩国？

　　　A 坐火车　　　B 坐飞机　　　C 坐出租车　　　D 坐船

71. 大学毕业后我想申请去美国读研究生，所以现在开始要好好学习英语，否则不能实现我的梦想。

　　★ 这段主要谈我：

　　　A 喜欢工作　　B 喜欢学习　　C 要去美国学习　D 讨厌英语

72. 二十一世纪最重要的资源是什么？人才！所以现在每个国家都十分重视教育，希望能培养出更多的优秀人才，增强国家的实力。

　　★ 该段主要谈了：

　　　A 人才　　　　B 教育　　　　C 资源　　　　D 国家

73. 做事情应该仔细认真，而不是马虎完事。如果做任何事情都随随便便的话，永远也做不好一件事情。

　　★ 根据文段，做事情要：

　　　A 马马虎虎　　B 随随便便　　C 坚持到底　　D 十分认真

74. 爸爸做的菜不是酸就是咸，我们都不喜欢吃。但是妈妈做的菜却十分好吃，尤其是鱼香肉丝和水煮鱼，每次都吃得干干净净。

　　★ 妈妈做的菜：

　　　A 酸或咸　　　B 不干净　　　C 没有味道　　D 常被吃光

75. 王明邀请李红明天去地坛玩儿，李红对王明说："不好意思，我明天考试，改天去可以吗？"

　　★ 李红的意思是：

　　　A 明天去　　　B 已经去过了　C 明天没考试　D 以后再去

76. 小梁对小李说:"好久不见,你的衣服怎么都变小啦?看看你那肚子,都快撑出来了。"

    ★ 小梁的意思是:

    A 小李变瘦了　　B 小李衣服小了　　C 小李变胖了　　D 小李没有肚子

77. 张风对向红说:"你去过北京吗?"向红说:"我在那儿读过四年书呢。"

    ★ 向红的意思是:

    A 没去过北京　　B 去过北京　　C 现在在读书　　D 现在在北京

78. 小明说:"暑假去看表演吗?"小红说:"想去是想去,但是哪儿有时间啊!"

    ★ 小红的意思是:

    A 去看表演了　　B 没有钱去　　C 没时间去　　D 不想去了

79. 京剧是中国传统的戏曲形式之一,它有着自身独特的唱腔和艺术表现形式,很受广大人民群众喜爱,也是中国表演文化的重要组成部分。

    ★ 这段话主要是讲:

    A 表演　　B 戏曲　　C 京剧　　D 中国文化

80-81.

中国有着丰富的旅游资源,全国可划分为九大旅游区,这其中包括中原旅游区、川汉旅游区等。山川河流、名胜古迹遍布全国。其中著名的旅游景点有安徽黄山、苏州园林、山东泰山等等,云南、西藏的风景更是值得一看。如果有时间和精力,去中国各地旅游是很不错的选择。

★ 中国有几大旅游区?
A 七个　　B 八个　　C 九个　　D 十一个

★ 文中提到了以下哪个地方?
A 北京　　B 云南　　C 杭州　　D 南京

82-83.

山茶花是中国的传统名花，它不仅颜色鲜艳，而且花大，品种也很多。多少年来，在庞大的茶花家族中，人们只见过红、白、粉、蓝及绿色的茶花，但没见过金黄色的茶花品种。在花的颜色上来一个突破，培育出金黄色的茶花，是园艺家们多年的愿望。

★ 人们见过哪个颜色的茶花品种？
   A 粉色   B 黑色   C 紫色   D 金黄色

★ 这段话主要讲什么？
   A 花朵   B 花色   C 园艺家   D 山茶花花色

84-85.

我的故乡在农村，那里多山多水，空气新鲜。在我家旁边有一片美丽的大森林，每天晚饭后，我都会和妈妈去森林边的小路上散步，听妈妈给我讲有趣的故事。我还喜欢我家附近的小河，夏天的时候，我经常去河里游泳。故乡的一切给我留下了美好的回忆。

★ 作者家旁边有什么？
   A 大山   B 森林   C 公园   D 学校

★ 这段话主要讲了什么？
   A 回忆   B 生活   C 故乡   D 妈妈

三、书 写

第一部分

第 86-95 题：完成句子。

例如：那座桥　　800 年的　　历史　　有　　了

　　　　那座桥有 800 年的历史了。

86. 学习语言　　一件有趣的　　是　　事情

87. 农村　　严重　　污染　　环境　　的

88. 对　　生活　　有　　看法　　什么　　你

89. 我加班的　　奖金　　获得　　是　　目的

90. 这个　　网站　　无聊　　十分

91. 他　　适合　　律师　　做　　性格　　的

92. 经历　　她的　　人　　十分　　羡慕　　让

93. 研究生　　压力　　很　　现在的　　大

94. 准备　　妹妹　　学习　　开始　　游泳

95. 人们的收入　　发展　　随着社会的　　也　　在增加

第二部分

第 96-100 题：看图，用词造句。

例如：  乒乓球　　她很喜欢打乒乓球。

 96. 散步

 97. 停

 98. 购物

 99. 孤单

 100. 职业

听力材料

（音乐，30秒，渐弱）

大家好！欢迎参加HSK（四级）考试。
大家好！欢迎参加HSK（四级）考试。
大家好！欢迎参加HSK（四级）考试。

HSK（四级）听力考试分三部分，共45题。
请大家注意，听力考试现在开始。

第一部分

一共10个题，每题听一次。

例如：我想去办个信用卡，今天下午你有时间吗？陪我去一趟银行？
★ 他打算下午去银行。

现在我很少看电视，其中一个原因是，广告太多了，不管什么时间，也不管什么节目，只要你打开电视，总能看到那么多的广告，浪费我的时间。
★ 他喜欢看电视广告。

现在开始第1题：

1. 我在医院工作，我的职业不是医生，而是护士。
   ★ 她的职业是医生。

2. 安娜昨天去商场逛街时，不小心丢了钱包，包里有信用卡、身份证等重要东西，她现在非常着急。
   ★ 丢失的钱包里有信用卡。

3. 我想在这间咖啡馆里无线上网，但不知道上网密码是什么，麻烦您告诉我一下可以吗？
   ★ 他想在咖啡馆里上网。

4. 现在房子、食品、衣服等所有东西的价格都在往上涨，我们不仅要节约用钱，更要努力赚钱。
   ★ 现在食品的价格没有变化。

5. 你现在有空的话就去把这份文件复印二十份吧。复印店就在教学楼的旁边，走五分钟就到，快去快回。
   ★ 复印店离教学楼很远。

6. 今天是中国传统节日中秋节，晚上的月亮又圆又美，我们一边吃月饼一边赏月，心情好极了。
   ★ 今天是一个节日。

7. 你知道吗，李老师升为教授了，今晚他在饭馆请客，请大家聚在一起庆祝一下。
   ★ 李老师以前是教授。

8. 你六点钟不是有汉语课吗，现在已经五点半了，你还要去食堂吃晚饭，上课来得及吗？
   ★ 他一会儿没有课。

9. 第一次见到我女朋友时，她非常害羞，不敢和我说话，后来才发现她是一个非常活泼可爱的人，给我带来了很多快乐，我非常喜欢她。
   ★ 他的女朋友其实很活泼、很可爱。

10. 中国是一个多民族的国家，包括汉族在内有五十六个民族，每个民族都有着自己的风俗习惯和历史文化。
    ★ 中国有五十六个民族。

第二部分

一共15个题，每题听一次。

例如：女：该加油了，去机场的路上有加油站吗？
      男：有，你放心吧。
      问：男的主要是什么意思？

现在开始第11题：

11. 女：你这个月加班时间那么长，一定有不少奖金吧？
    男：谁知道呢，反正到现在一分钱奖金都还没给。
    问：男的是什么意思？

12. 男：孙刚成熟了很多，知道为自己做的事情负责了。
    女：那是应该的！都快做父亲的人了，不成熟怎么养孩子啊？
    问：关于孙刚，我们可以知道什么？

13. 女：最近忙吗？可以帮我翻译一点儿法律文件吗？
    男：好的，没问题，明天把文件发到我的电子邮箱里吧。
    问：女的需要男的做什么？

14. 男：昨天的汉语水平考试考得怎么样？
    女：哎，别提了！因为我的粗心，又写错了好几个答案。
    问：关于女的，我们可以知道什么？

15. 女：您好！我是研究生，请问每次最多可以借多少本书呢？
    男：研究生一次最多可以借十五本书。
    问：此对话最有可能发生在什么地方？

16. 男：今天打扮得这么漂亮，晚上有约会吗？
    女：你还真说对了，待会儿下班后打算和男朋友一起去看电影。
    问：男的和女的最有可能是什么关系？

17. 女：上海的街道太复杂了，我每次去都找不到方向。
    男：我也是啊。在上海一定要带着地图，否则很容易找不到回来的路。
    问：根据以上对话，我们可以知道他们什么？

18. 男：我的家在桂林，你来旅游的话我免费给你做导游！
    女：真的吗？太感谢你了！下次我一定去那里玩儿。
    问：男的是什么意思？

19. 女：刚到学校时我很孤单，是张老师给了我很多帮助和鼓励。
    男：张老师对我也很好，她的话让我增加了很多自信心。
    问：关于张老师，我们可以知道什么？

20. 男：晚上凉快的话出去散步聊天吧！
    女：好啊，去河边看看月亮、吹吹风挺不错的。
    问：根据以上对话，我们可以知道他们晚上想做什么？

21. 女：现在我们移动公司做活动，给手机充二百元，另外送一百元话费。
    男：好的，那帮我给手机充二百元话费吧，谢谢！
    问：男的一共获得多少钱的手机话费？

22. 男：你喜欢长得帅的男生还是有幽默感的男生？
    女：说实在的都喜欢，但我更喜欢有责任感的男生。
    问：女的更喜欢什么样的男生？

23. 女：这位病人，请到这边来，你现在需要打针治疗。
    男：稍等一下，我喝一口水就过来。
    问：女的最有可能是什么职业？

24. 男：我们这里提供免费的啤酒和葡萄酒，其他酒水需要付费。
    女：好，那给我们来五瓶啤酒和一瓶葡萄酒。
    问：女的点了什么酒水？

25. 女：我手机里的消息怎么好几条都不见了，你刚才是不是看了我的手机？
    男：老婆，你误会我了，我真的没看你的手机。
    问：女的现在是什么样的心情？

第三部分

一共20个题，每题听一次。

例如：男：把这个文件复印五份，一会儿拿到会议室发给大家。
    女：好的。会议是下午三点吗？
    男：改了。三点半，推迟了半个小时。
    女：好，六零二会议室没变吧？
    男：对，没变。
    问：会议几点开始？

现在开始第26题：

26. 男：你有信用卡吗？
    女：现在还没有。我是大学生，可以办信用卡吗？
    男：可以的，现在办信用卡还送牙膏、杯子等小礼物。
    女：好的，那帮我办一张吧。
    问：女的是做什么的？

27. 女：今天天晴了，阳光不错，我们去爬山吧。
    男：好啊！你想去哪儿爬山？香山怎么样？
    女：香山我已经去过了，去其他地方吧。
    男：那我们就去爬西山吧。
    问：他们最后决定去哪儿玩？

28. 男：怎么办？我找不到我的自行车钥匙了！
    女：别急，你再好好想想，到底放在哪儿了？
    男：我记得我就放在桌子上的啊，怎么不见了？
    女：是这把钥匙吗？我在地上捡到的。
    男：对，就是它，谢谢你了！
    问：最后在哪里找到了钥匙？

29. 女：暑期计划做什么？
    男：现在还没有想好，可能会去工作吧，你呢？
    女：我打算去厦门、广州、香港还有澳门旅游。
    男：我也想去，可是没有那么多钱。
    问：女的暑假打算去几个地方旅游？

30. 男：你喜欢什么动物？
    女：我喜欢猫，因为猫又可爱又听话，你呢？
    男：我喜欢狗。
    女：狗？为什么？
    男：因为狗对人最友好。
    问：男的为什么喜欢狗？

31. 女：请问，要乘坐22路公交车，应该在哪一站下车？
    男：在小西天下就行。
    女：那待会儿到了，麻烦您喊我一声。
    男：好的，没问题！
    问：男的是干什么的？

32. 男：喂，您好！请问是双喜餐馆吗？我要点外卖。
    女：是的，您需要点什么，请讲。
    男：我要一份炒饭和两份牛肉面。
    女：还需要别的什么吗？
    男：再来三个鸡蛋吧。
    问：女的最有可能在什么地方？

33. 女：您好！请问邮局怎么走？
    男：沿这条路一直向前走三百米左拐，再走二百米就是。
    女：大概需要多长时间呢？
    男：不远，走十分钟就到了。
    问：女的最有可能要去做什么？

34. 男：这段时间大家工作辛苦了，今晚我们出去庆祝一下！
    女：好啊！我们去哪儿庆祝呢？
    男：附近新开了一家饭店，正打折，就去那儿吧。
    女：太好了，我也正想去那儿呢！
    问：他们要去做什么？

35. 女：现在几点？
    男：快两点了，怎么了？
    女：那还早。我下午四点有个会。
    男：哦，我三点半也要去办点儿事儿。
    问：女的几点钟有事？

第 36 到 37 题是根据下面一段话：

欢欢来自北京，她喜欢运动，其中最喜欢游泳和跑步。除此以外，她还喜欢唱歌和看电影。有空的时候，欢欢还经常在家里弹钢琴或者读书。

36. 欢欢最喜欢什么运动？
37. 这段话主要想告诉我们欢欢的什么？

第 38 到 39 题是根据下面一段话：

各位同学，明天我们将组织一次秋游活动，活动地点是后海，活动内容主要有划船、爬山、做游戏等。请要去的同学到班长那里登记报名，不去的同学也要请假。明天早上七点四十在东门集合，我们八点钟准时出发，请大家不要迟到。

38. 明天要去什么地方游玩？
39. 明天不去的同学应该做什么？

第 40 到 41 题是根据下面一段话：

现代社会以瘦为美，因此非常流行减肥。现在减肥的方式多种多样，但不正确的减肥方法可能影响人的健康，因此我们应该采用健康的减肥方式，才会收到良好的效果。其中运动和注意饮食这些减肥方式既健康又有效，是减肥者最好的选择。

40. 该文主要在讲什么？
41. 文中觉得如何减肥比较好？

第 42 到 43 题是根据下面一段话：

不要总想着自己的缺点。每个人都有自己的缺点，完美的人是不存在的。其实，别人往往并没有那么注意你的缺点。只要少想缺点，有了错误就马上改正，自我感觉就会更好，也会增加更多的信心。

42. 这段话最有可能出现在什么地方？
43. 这段话告诉我们什么？

第 44 到 45 题是根据下面一段话：

中国的土地面积很广阔，位于世界第三位。正因为中国地大物博，南北方也存在巨大的不同。从气候上来说，南方温暖湿润，夏季多雨，冬天也不太冷，因此房中没有暖气。而北方却是寒冷干燥，冬天气温特别低，还常常刮大风，一般家中都装有供暖设备。

44. 中国国土面积排世界第几位？
45. 这段话主要讲了中国的什么？

听力考试现在结束。

答案及解析

一、听力

新HSK（四级）的听力包括三个部分，共45题。第一部分10题，是听句子判断对错。考生先听到一个句子，然后根据句子的内容判断题目的对错。第二部分共15题，考生先听一段短对话，再听一个问题，然后根据听到的对话内容，从四个选项中选出正确的答案。第三部分共20题，有两种题型。一种是听一段长对话，再听一个问题，然后根据听到的对话内容选出正确的答案；另一种是听一段短文，再听两个问题，然后根据短文内容选出正确的答案。听力部分的试题主要是考查学生听日常交际汉语的能力和听简单短文的能力。内容主要以中国人日常交际对话为主，还包括一些中国社会文化方面的内容。在做这部分试题时，应注意听文段的细节内容，并作简单的推断，就可选出正确答案。

听力题从题型上一般可以分为细节题、时间题、比较题、关联词语题、推断题、职业题和主旨题等。

题号	答案	解析
1	×	细节题。原文是"我的职业不是医生"，所以答错。
2	√	细节题。原文是"包里有信用卡……"，所以答对。
3	√	细节题。原文为"我想在这间咖啡馆里无线上网"，所以答对。
4	×	比较题。原文说"现在……食品……价格都在往上涨"，所以答错。
5	×	时间题。"走五分钟就到"表示距离很近，所以答错。
6	√	推断题。"中秋节"是中国的传统节日之一，所以"今天是一个节日"正确。
7	×	推断题。"升职为教授"表明李老师现在成为了教授，而以前不是教授。
8	×	时间题。"六点不是有汉语课吗？"是反问句式，意思是六点有课。
9	√	推断题。"后来发现她是……活泼可爱的人"表示实际上他女朋友很活泼、很可爱。"其实"为"实际上"的意思。
10	√	细节题。原文中说到"包括汉族在内有五十六个民族"，所以答对。

11	C	细节题。注意理解对话中的细节"一分钱奖金都还没给","一……都没"表示"什么都没"的意思,选 C。
12	D	推断题。"快做父亲的人"的意思是"这个人快有孩子了",选 D。
13	D	细节题。注意理解文中的细节,理解说话人的目的。"可以帮我翻译一点儿法律文件吗"表示女的希望男的帮助她翻译法律文件,选 D。
14	D	关联词题。"因为我的粗心"说明这个人"考试粗心",选 D。
15	B	地点题。注意猜对话的环境,根据对话内容判断对话发生的地点。文中在讲"借书"的事情,因此对话地点在图书馆,选 B。
16	B	关系题。注意理解对话中的细节内容,"下班后打算……"可知说话人的关系是同事。
17	B	推断题。"每次去"说明女的不是上海人并去过上海,男的也一样。
18	C	推断题。男的说"家在桂林",他说"做免费导游"并不是说自己是导游,那只是为了客气说的话,所以选 C。
19	D	推断题。两人都提到张老师对自己的帮助,所以应该选 D。
20	C	关联词题。"……的话"表示假设,说明当某种条件满足时,就做某事。而男的说"散步聊天",女的同意了,所以选 C。
21	B	数字题。注意听清楚数字之间的关系。文中说"充 200 元话费送 100 元话费"是"充 200 元可获得 300 元话费"的意思。因此男的获得 300 元话费。
22	C	细节题。注意对话细节"更……",听清楚问题"女的更喜欢……",所以应该选"有责任感",选 C。
23	D	职业题。注意理解对话中的细节内容,女的提到要"打针",所以这个女的最有可能为"护士"。
24	D	细节题。在饭馆点东西时说"给我们来……"是客人需要某东西的意思。
25	D	推断题。注意理解对话内容,判断说话人的心情。男的欺骗女的,女的心情肯定是生气,因此排除其他选项,选 D。
26	A	细节题。注意理解人物对话的细节内容。女的已经说明自己是"大学生",所以选 A。
27	C	地点题。"那我们就去……"表示决定的意思,表明说话人最后要去的地方,原文中说的是"西山",选 C。

28	B	细节题。注意听清楚文中的细节部分，"在……"表示方位地点，女子说"在地上捡到的"，选 B。
29	D	地点题。注意听清楚四个中国的地名，分别是"厦门、广州、香港、澳门"。这样就能知道有四个城市，选 D。
30	D	关联词题。抓住信息的关键点，"因为狗对人友好"说明了原因，选 D。
31	A	职业题。通过对话判断说话人的身份，在公交车上女的请求男的到了地方喊她一声，可判断出男的是售票员。
32	C	推断题。男的打电话说要点"外卖"，说的是饭馆的送饭服务。那女的最有可能是在饭馆里。
33	D	推断题。注意从对话内容推断出说话人的目的。"请问……怎么走"是问路时经常使用的句式。女的问邮局怎么走，可能是要去邮局办事。而选项中只有"寄东西"和邮局相关，选 D。
34	C	推断题。"我们出去庆祝一下"表示大家要一起吃饭。后面的对话中也提到新开了一家饭馆，所以大家应该是要去一起吃饭，选 C。
35	D	时间题。注意选择对话中有用的信息，同时要听清楚时间带来的信息。女的说"我下午四点有个会"，表明女的四点钟有事，应该选 D。
36	B	第 36 到 37 题 应注意把握住人物的特点，听清楚关键的信息，最后从整体上理解文段的内容。第 36 题为细节题，文中说欢欢"最喜欢游泳和跑步"，因此选 B。
37	C	第 37 题为主旨题，根据上下文判断本文主要讲欢欢的爱好，所以选 C。
38	B	第 38 到 39 题 第 38 题关键句是"活动地点是后海"。
39	A	第 39 题关键句是"不去的同学也要请假"。
40	C	第 40 到 41 题 第 40 题是主旨题，这段话主要介绍了健康减肥的内容，所以选 C。
41	D	第 41 题为细节题，最后一句话说到"运动和注意饮食是……最好的选择"，所以选 D。

题号	答案	解析
42	B	第 42 题到 43 题 第 42 题为推断题，根据文段的内容特点可推断这段话既不是广告，也不是新闻，更不是海报，所以选 B。
43	D	第 43 题为关联词题，理解短文内容，"只要……就……"表达了作者的观点"少想缺点"，所以选 D。
44	C	第 44 到 45 题 这段话介绍了中国国土的情况。第 44 题是细节题，文中说"位于世界第三位"就是排世界第三位的意思，所以选 C。
45	B	第 45 题是主旨题，文中后半部分分别讲了中国南北方的气候状况，所以选 B。

二、阅读

新 HSK（四级）的阅读包括三个部分，第一部分是选词填空题，第二部分是排序题，第三部分是短文的阅读理解。考题内容包括中国社会、经济、文化、日常交际等各个方面，考查的词汇以大纲词汇为准。考生只要做到理解文意，答对题目就不难。下面我们分题型来对阅读部分具体加以说明：

第一部分

阅读第一部分是选词填空，从第 46 到 55 题共 10 题。从第 46 到 50 题是单句话的选词填空，第 51 到 55 题是两人对话，10 个空 10 个选项一一对应。这一题型主要考查词的意义和用法。

题号	答案	解析
46	A	"提醒"某人做某事。
47	B	前半句说这个人很会讲笑话，可推断出这个人很幽默。
48	F	"最后"表示事情的结果。
49	C	"自然风景"是固定搭配，表示某地的自然山水景色。
50	E	"读……专业"是固定搭配，表示学习的专业科目。
51	B	"至少"表示最少的意思，表示事情的最低限度。
52	A	"组织活动"是固定搭配，有举行什么活动的意思。
53	F	"受不了"多用在对人或事情无法忍受时，天气太热让人无法忍受。
54	D	"无聊"指没有意思，多形容人或事物。这里说到"真后悔去看了"，可以知道很可能是因为电影没有意思。

| 55 | E | "通知"在这里作名词，多和学校、班级、公司等有关联。 |

第二部分

阅读第二部分从第 56 到 65 题，共 10 题，要求考生给题目中的三句话排序，基本上是考查考生对关联词语和话语之间逻辑关系的把握能力。做这些题时，首先要明确谈论的话题是什么，这有助于考生排出正确的顺序。

题号	答案	解析
56	CAB	注意句中的关联词"所以"及句子间的关系。C 和 A 两句间有因果关系，而 B 句是总结性的句子，所以放在最后。
57	CAB	"既然……就……"表示因果关系；A 和 B 是顺承关系。
58	ACB	A 句说明情况，放第一句。"虽然……但……"为固定的关联词，表示转折。
59	CBA	"如果"后面是假设的情况；"所以"表示因果关系的结果。
60	CAB	"我们去……吧"表示建议，应放在最后。
61	ACB	A 句说明了整体的情况，放在最前面。"为了"表示做事的目的，后面是结果。
62	CBA	"但是"表示转折，强调句子的后半部分。先说"做梦"，再讲梦的内容，最后是转折。
63	ACB	根据每句话的意思，顺序应该是先等人，人没有来，最后只有离开。
64	BCA	"只要……就……"为条件关系的关联词。先说学汉语不困难，然后说明如何学不困难。
65	CAB	"虽然……但是……"为转折关系的关联词。B 句中有"也"，应该放在最后。

第三部分

阅读第三部分从第 66 到 85 题，共 20 题，这一题型主要考查考生对语料的理解能力和对细节的把控能力。

这部分语料虽短，但每段语料都表达一个相对完整的意思，而且话题可以说是涉及各个方面，有谈人的，谈地方的，还有谈网络和自然环境的。第 66 到 79 这 14 个题，都是一段语料后一个问题，而从第 80 到 85 这 6 个题，共三段语料，每段语料后有两道题。

题号	答案	解析
66	B	"和陌生人说话时还会脸红",意思就是说她"害羞"。
67	B	文中说他"在水中像鱼一样,游得非常快",很明显是在说"游泳"。
68	A	文段第一句说"西红柿不但味道甜美"意思是西红柿"味道不错"。
69	C	文段第一句就点出主题,"我非常喜欢阅读",意思是喜欢看书;B项"文学"是干扰项,"我喜欢"看文学类的书籍,并不是我喜欢文学。
70	D	"这次我已经决定从威海乘船过去"表明"我"坐船去韩国。注意B"坐飞机"是干扰项,"我"以前坐飞机去,但这次不是。
71	C	文段第一句即点明主题"去美国读研究生",后面说为了实现这个梦想要好好学习英语。
72	A	"教育"、"资源"和"国家"都是干扰项,文段一直围绕"人才"来写,只是涉及到其他选项,但主要谈的还是"人才"。
73	D	文段第一句就说"做事情应该仔细认真",跟D"十分认真"同义。
74	D	妈妈做的菜"每次都吃得干干净净",与D"常被吃光"同义。A"酸或咸"是干扰项,这是说爸爸做的菜。
75	D	李红说她"明天考试",改天再去。"改天"是指以后的某一天,与D"以后再去"同义。A项和C项与原文意思正好相反。
76	C	小梁说小李衣服变小了,肚子撑出来了,意思就是小李变胖了,而不是衣服真的变小了。
77	B	向红说在"那儿"读过四年书,说明她现在不在北京,而以前去过北京,所以选择B,排除D;也看不出她现在是否还在读书,C项不对。
78	C	"想去是想去"意思是想去,D项不对。"哪儿有时间啊"意思是没有时间,选C。
79	C	文段的四句话主语都是京剧,很明显选C。
80	C	根据"全国可划分为九大旅游区",可知80题选C。
81	B	文中提到的景点有:安徽黄山、苏州园林、山东泰山、云南和西藏,而没有提到北京、杭州和南京,81题选B。
82	A	根据"人们只见过红、白、粉、蓝及绿色的茶花",可知82题选A。这个文段主要讲了山茶花的花色有红、白、粉、蓝和绿色,而目前没有金黄色,希望可以培养出金黄色的茶花来。所以选D。
83	D	

| 84 | B | 根据"在我家旁边有一片美丽的大森林",可知84题选B。 |
| 85 | C | 文段第一句就说"我的故乡……",由此可知85题选C。 |

三、书写

第一部分

书写的第一部分主要考查学生组词成句的能力。这些词由实词和虚词组成。实词主要考查学生的词汇量,虚词主要考查学生是否掌握了汉语的一些基本语法。

要做好这类题,主要可以采取的方法是:

1. 掌握好四级词汇。考查的这些词整体来说不太难,基本上都在四级词汇的范围以内。

2. 全面了解和熟悉汉语的基本语法以及使用这些语法来组词造句。我们将在后面的答案解析中对这些语法点进行详细和全面的分析,大家要注意积累。

题号	答案	解析
86	学习语言是一件有趣的事情。	这个句子主要考查"是"的用法,同时也考查"学习语言"这样的动宾短语结构作主语的用法。此句中"学习语言"为主语,放在最前面,"是"作谓语,"一件有趣的事情"为"是"的宾语,所以答案为:学习语言是一件有趣的事情。
87	农村的环境污染严重。	这个句子主要考查的是补语结构的搭配。"农村的"作定语修饰主语"环境",谓语是"污染",而"严重"作补语,补充说明动作发生的程度。所以答案是:农村的环境污染严重。
88	你对生活有什么看法?	这个句子主要考查的是疑问代词"什么"的位置和介词"对"的用法。"什么"和"看法"相搭配,表示询问别人的观点。而介词"对"引出事物的对象,一般放在引出对象的前面。这里"对"引出的对象为"生活"。所以答案为:你对生活有什么看法?
89	我加班的目的是获得奖金。	此句中"获得奖金"为动宾结构做宾语,因此放在最后。而"目的"应和"我加班"相搭配,表示说话人做某事的目的。再用"是"将主语和宾语连接起来,因此答案为:我加班的目的是获得奖金。

90	这个网站十分无聊。	形容词谓语句。"这个网站"是主语,形容词"无聊"做谓语,副词"十分"修饰"无聊",表程度。所以答案是:这个网站十分无聊。
91	他的性格适合做律师。	主要考查"适合"的用法。"适合"指做什么事情很合适、很相符,后面一般接"做……""当……"等。因此这里是"适合做律师",而"性格"作主语,"他的"修饰"性格",放在最前面,所以答案是:他的性格适合做律师。
92	她的经历十分让人羡慕。/她的经历让人十分羡慕。	这句话主要是考查"让"的用法。"让什么怎么样"是固定搭配,后面多跟一些表示人的心理状态情绪的词语,如"开心""思考"等。这里要理解"羡慕"的意思,和"让"搭配为"让人羡慕"。副词"十分"既可以放在"让"的前面,也可放在"让什么"的后面,表达的意思一样,都是修饰"让谁怎么样"的程度。"经历"作主语放在前面,所以答案是:她的经历十分让人羡慕。/她的经历让人十分羡慕。
93	现在的研究生压力很大。	这个句子是主谓短语作谓语。"研究生"是主语;谓语是"压力很大"。"很大"在主谓短语中作"压力"的谓语。
94	妹妹准备开始学习游泳。	这个句子主要考查"开始"和"准备"的用法。两者后面一般跟动作。如"准备做……"或"开始做……"。但是也可将两者连用,如"准备开始做……"表示将要做某事。所以答案是:妹妹准备开始学习游泳。
95	随着社会的发展,人们的收入也在增加。	这个句子较长也较难,主要考查了"随着……"和"在……"的用法。"随着……"作状语放在主语的前面,同时"随着"和"发展"相搭配,表示时间的延续。"人们的收入"作主语,"在……"表示动作正在进行,"增加"做谓语。因此该句答案是:随着社会的发展,人们的收入也在增加。

第二部分

书写的第二部分共5题,每题给出一张图片和一个词,要求用这个词根据图片造一个句子。做这道题目时,要注意以下几点:

1. 要使用题目给的词,并根据图片主题造句,否则所得分数很低。
2. 句子语法要正确,不写错别字。
3. 要注意句子难度。特别简单的句子,如"他正在……""他喜欢……",只能得到及格分;使用一些关联词语、副词或特殊句式,才能得到满分。

题号	答案	解析
96	他正在马路上散步。	图中是一个人在路上慢慢地走着,题目给的词是"散步",所以可以造句为:他正在马路上散步。
97	她停下了自己的自行车。	图中的女孩子骑在自行车上,但是她停着没有动,题目给出的词是"停",所以可造句为:她停下了自己的自行车。
98	她在香水店里开心地购物。	这个女孩在闻一个漂亮的瓶子,很开心的样子,显然是在买香水。题目给出的词是"购物",所以可造句为:她在香水店里开心地购物。
99	她正一个人孤单地走着。	图中只有一个人打着伞在小路上走着,很孤独的样子,题目给出的词是"孤单",因此可以造句为:她正一个人孤单地走着。
100	她的职业是医生/大夫。	图中的人物戴着听诊器(stethoscope),穿着医生服,显然是医生。题目给出的词是"职业",所以可以造句为:她的职业是医生/大夫。

模拟试卷（二）

新汉语水平考试
HSK（四级）

注　　意

一、HSK（四级）分三部分：

　　1. 听力（45题，约30分钟）

　　2. 阅读（40题，40分钟）

　　3. 书写（15题，25分钟）

二、听力结束后，有5分钟填写答题卡。

三、全部考试约105分钟（含考生填写个人信息时间5分钟）。

一、听 力

第一部分

第 1-10 题：判断对错。

例如：我想去办个信用卡，今天下午你有时间吗？陪我去一趟银行？

　　★ 他打算下午去银行。　　　　　　　　　　　　　　（ ✓ ）

　　现在我很少看电视，其中一个原因是，广告太多了，不管什么时间，也不管什么节目，只要你打开电视，总能看到那么多的广告，浪费我的时间。

　　★ 他喜欢看电视广告。　　　　　　　　　　　　　　（ × ）

1. ★ 下午我要开会。　　　　　　　　　　　　　　　　（　）

2. ★ 他找到工作了。　　　　　　　　　　　　　　　　（　）

3. ★ 大山的汉语不太好。　　　　　　　　　　　　　　（　）

4. ★ 他没钱买东西。　　　　　　　　　　　　　　　　（　）

5. ★ 办公室里禁止抽烟。　　　　　　　　　　　　　　（　）

6. ★ 他身体一直不好。　　　　　　　　　　　　　　　（　）

7. ★ 他不回家了。　　　　　　　　　　　　　　　　　（　）

8. ★ 明天早上七点半出发去长城。　　　　　　　　　　（　）

9. ★ 他跟女朋友分手了。　　　　　　　　　　　　　　（　）

10. ★ 他们要一起去旅游。　　　　　　　　　　　　　　（　）

第二部分

第 11-25 题：请选出正确答案。

例如：女：该加油了，去机场的路上有加油站吗？
　　　男：有，你放心吧。
　　　问：男的主要是什么意思？
　　　A 去机场　　　B 快到了　　　C 油是满的　　　D 有加油站 ✓

11. A 卡没丢　　　B 要取钱　　　C 没听懂　　　D 卡不好找

12. A 游泳　　　B 上课　　　C 见老师　　　D 写作业

13. A 很乖　　　B 受欢迎　　　C 爱说话　　　D 常受表扬

14. A 红的　　　B 蓝的　　　C 商店里　　　D 银行里

15. A 他们在散步　　B 他们迟到了　　C 他们没迟到　　D 他们在看时间

16. A 朋友　　　B 男人　　　C 电影　　　D 小说

17. A 能赶回来　　B 不能赶回来　　C 去打出租车　　D 没有出租车

18. A 不知道说什么　　　　　　B 批评男的
　　C 跑着回家　　　　　　　　D 赶快回去拿机票

19. A 再给老李打电话　　　　　B 老李不想见面
　　C 不想给老李打电话　　　　D 刚刚打过电话了

20. A 饭店　　　　　　B 医院　　　　　　C 电影院　　　　D 公交车上

21. A 想女的　　　　　　　　　　　　B 跟女的去国外
    C 女的要出国工作　　　　　　　　D 会常给女的打电话

22. A 新人　　　　　　B 光头　　　　　　C 理发　　　　　　D 价格

23. A 厨房　　　　　　B 饭菜　　　　　　C 电影　　　　　　D 颜色

24. A 上台很难　　　　　　　　　　　　B 那个动作很简单
    C 不理解女的的话　　　　　　　　D 同意女的的观点

25. A 表扬女的　　　　　　　　　　　　B 同意女的的观点
    C 让女的重新上大学　　　　　　　D 让女的从现在开始努力

第三部分

第 26-45 题：请选出正确答案。

例如：男：把这个文件复印五份，一会儿拿到会议室发给大家。
　　　女：好的。会议是下午三点吗？
　　　男：改了。三点半，推迟了半个小时。
　　　女：好，六零二会议室没变吧？
　　　男：对，没变。
　　　问：会议几点开始？
　　　A 两点　　　B 3点　　　C 3:30 ✓　　　D 6点

26. A 吃饭　　　B 买月饼　　　C 买水果　　　D 商量买什么

27. A 饭馆　　　B 家里　　　C 商场　　　D 图书馆

28. A 北京　　　B 上海　　　C 广州　　　D 东京

29. A 一块　　　B 两块　　　C 五块　　　D 十块

30. A 大夫　　　B 警察　　　C 病人　　　D 护士

31. A 空气污染　　　　　　　　B 亚洲经济
　　C 空气污染的危害　　　　　D 空气污染对经济的影响

32. A 去办公室　　　B 买东西　　　C 找钥匙　　　D 找钱包

33. A 商场　　　B 银行　　　C 游泳馆　　　D 办公室

34. A 商场　　　　　B 银行　　　　　C 打电话　　　　D 手机店

35. A 书上　　　　　B 网站上　　　　C 报纸上　　　　D 电视上

36. A 六点　　　　　B 七点　　　　　C 七点五十　　　D 八点

37. A 坏了　　　　　B 没电了　　　　C 忘订了　　　　D 调错了

38. A 警察　　　　　B 老师　　　　　C 学生　　　　　D 诗人

39. A 有趣　　　　　B 现实　　　　　C 浪漫　　　　　D 生活化

40. A 妈妈　　　　　B 姐姐　　　　　C 李明　　　　　D 花朵

41. A 关心亲人　　　B 关心别人　　　C 保护亲人　　　D 保护弱小

42. A 减少交流　　　B 学习外语　　　C 锻炼身体　　　D 去各国旅游

43. A 经济交流　　　B 怎样学习语言　C 如何获得成功　D 保护地球环境

44. A 开会　　　　　B 旅游　　　　　C 谈生意　　　　D 看电视

45. A 商品　　　　　B 价格　　　　　C 服务　　　　　D 质量

二、阅 读

第一部分

第46-50题：选词填空。

A 代替　　B 干燥　　C 养成　　D 坚持　　E 举办　　F 翻译

例如：她每天都（ D ）走路上下班，所以身体一直很不错。

46. 孩子就要上学了，咱们首先要帮助他（　　）好的学习习惯。

47. 成功（　　）奥运会，是这个国家每个人的心愿。

48. 我们急着用这篇文章，尽快把它（　　）成中文吧。

49. 秋天的北京，气候比较（　　），最好多喝点儿水。

50. 我得去趟卫生间，你能先（　　）我一下，在门口站一会儿吗？

第51-55题：选词填空。

　　A 正式　　B 考虑　　C 温度　　D 拒绝　　E 确实　　F 出生

例如：A：今天真冷啊，好像白天最高（ C ）才2℃。
　　　B：刚才电视里说明天更冷。

51. A：咱们一起去上海看比赛吧？
　　B：我正在（　）呢，不过得等考试完了再说。

52. A：那家公司不错啊，他怎么（　）了呢？
　　B：他觉得工资有点儿低。

53. A：爸妈觉得咱们毕业以后在北京工作就很不错。
　　B：（　），以后孩子上学的环境也好，只是房价太高。

54. A：这件事情，你（　）跟他说了吗？
　　B：说过了，他还挺愿意帮忙的。

55. A：中秋节咱们去山东玩好吗？孔子是山东人，山东是孔子的（　）地。
　　B：好的，太棒啦！

第二部分

第56-65题：排列顺序。

例如：A：可是今天起晚了

　　　B：平时我骑自行车上下班

　　　C：所以就打车来公司　　　　　　　　　　　　B A C

56. A：他们还带去了水果和鲜花

　　B：同事们都去看望他

　　C：李明生病了　　　　　　　　　　　　　　　_____

57. A：回来之后看到国内发生了很大的变化

　　B：他出国了几年

　　C：他决定留在国内工作　　　　　　　　　　　_____

58. A：我和同事决定明天去逛街

　　B：大街上夏天的衣服都在打折

　　C：秋天就要来了　　　　　　　　　　　　　　_____

59. A：所以你喜欢做什么

　　B：不同的爱好表示不同的性格

　　C：就说明你是哪种性格的人　　　　　　　　　_____

60. A：春节是其中最热闹的一个

　　B：小孩子们都希望能够天天过春节

　　C：中国有很多节日　　　　　　　　　　　　＿＿＿＿＿＿

61. A：他赶快去开门

　　B：听到大门响

　　C：看到门口站着一个高高的小女孩儿　　　＿＿＿＿＿＿

62. A：他就听说过长城

　　B：只是没想到真正的长城会这么漂亮

　　C：来中国以前　　　　　　　　　　　　　　＿＿＿＿＿＿

63. A：好多孩子从三四岁起就开始背古诗

　　B：有的甚至还会背古文

　　C：近几年，中国出现了"国学热"现象　　　＿＿＿＿＿＿

64. A：而不是仅仅看报纸

　　B：要真正了解中国和中国人

　　C：最好的方法是来中国感受一下　　　　　　＿＿＿＿＿＿

65. A：但却很开心

　　B：白天他带着女朋友到处玩

　　C：晚上躺在床上感觉很累　　　　　　　　　＿＿＿＿＿＿

第三部分

第66-85题：请选出正确答案。

例如：她很活泼，说话很有趣，总能给我们带来快乐，我们都喜欢和她在一起。

★ 她是个什么样的人？

A 幽默 ✓   B 马虎   C 骄傲   D 害羞

66. 最近手头有点儿紧，您能借我点儿吗？

★ 说话人现在：

A 没钱   B 紧张   C 借东西   D 手伤了

67. 李明，你这话说得太艺术了，所以那孩子这么容易就答应了。

★ 说话人认为李明的话：

A 无聊   B 好听   C 客气   D 合适

68. 李明的歌唱得比王刚好，本来以为就要拿第一名了，结果，被刘洋超过了，他很伤心。

★ 谁得第一名了？

A 李明   B 王刚   C 刘洋   D 没人

69. 好多家长都想让孩子出国念书，他们觉得，现在是全球村时代，在另一种文化背景下学习和生活，有利于孩子的健康成长。当然，找工作也相对广一些，但这个不是最重要的。

★ 家长让孩子出国念书是为了孩子更好地：

A 学习   B 生活   C 成长   D 找朋友

70. 世界上最大的是大海，比大海更大的是天空，比天空更大的是人的胸怀。心有多大，舞台就有多大。

★ 这段话是说：

A 胸怀　　　B 舞台　　　C 大海　　　D 天空

71. 每当遇到困难和危险时，他从来都不会害怕，总是主动走在最前面，保护大家的安全。

★ 他是一个怎样的人：

A 活泼　　　B 幽默　　　C 勇敢　　　D 诚实

72. 现在，人们用电脑的时间越来越长，如果一直盯着电脑屏幕，不注意休息的话，眼睛很容易近视的。

★ 通过这段话，怎样才能减少近视？

A 多用电脑　　B 注意休息　　C 盯着电脑　　D 看绿色植物

73. 学习进度没跟上怎么办？还有问题没弄懂，可学校放假了，怎么办？担心孩子开学后把知识全忘记了，怎么办？别着急，我校暑期补习班帮助您解决所有难题！

★ 这段话主要谈：

A 暑期补习　　B 解决难题　　C 学校放假　　D 学习进度

74. 刚开始工作时，她和大家一样，遇到了很多困难。周围很多人都放弃了，只有她坚持了下来，最后她终于获得了让人羡慕的成功。

★ 刚开始工作时，她的工作：

A 让人羡慕　　B 条件很好　　C 环境不错　　D 并不轻松

75. 语言学习主要包括听、说、读、写四个部分。学习外国语言的方法除了做好预习工作和上课认真听讲外，最重要的是应该坚持每天课后复习三十分钟到一个小时，才会取得良好的效果。

★ 根据文段，学习外国语言最重要的方法是：

A 好好预习　　B 每天复习　　C 认真上课　　D 听说读写

76. 有的人认为获得成功就是幸福,有的人觉得能没有忧虑的生活就是幸福,还有的人认为和自己相爱的人永远在一起才是幸福。对于幸福的理解不同,每个人的人生目标也会不同。

　　★ 这段话主要在谈:
　　　　A 生活的经历　　B 夫妻的感情　　C 人生的目标　　D 对幸福的理解

77. 现代生活节奏越来越快,好多年轻人工作压力较大,假期旅游成了他们放松身心、保持健康的重要方式。

　　★ 这段话主要讲:
　　　　A 假期旅游　　B 生活节奏　　C 工作压力　　D 保持健康

78. 人不能改变过去,但可以改变现在;人不能改变别人,但可以改变自己;人不能改变环境,但可以改变态度。有什么样的态度,就有什么样的人生。

　　★ 这段话主要讲:
　　　　A 态度　　B 人生　　C 改变　　D 环境

79. 要想成为一名优秀的教师,应该具备丰富的教学技巧。同时热爱教育事业,对学生有爱心,这样才能成为受学生欢迎的好教师。

　　★ 这段话主要在讲:
　　　　A 专业知识　　B 爱心和耐心　　C 教学方法　　D 成为优秀教师

80-81.
　　四年的大学生活,改变了我的性格,也许会改变我的一生。在这里,我学会了一个人处理问题,学会了吃苦,也学会了坚强。更重要的是,我交了很多好朋友:学校领导、老师、同学、校友、家教过的学生和家长。他们对我的关心和信任,让我的心头充满温暖。我永远忘不掉我的大学生活。

　　★ 根据这段话,大学生活对我来说最重要的是:
　　　　A 学会独立　　B 学会吃苦　　C 学会坚强　　D 交了很多朋友

　　★ 这段话介绍的是:
　　　　A 性格　　B 朋友　　C 老师和同学　　D 大学生活的收获

82-83.

　　保护环境是每一个生活在城市中的人的责任。在条件允许的情况下，应该尽量少乘坐小汽车，主动使用公共汽车、地铁等大众交通工具。因为按照每百公里的污染程度来看，公共汽车的污染度大约是小汽车的8.4%，而地铁仅是小汽车的5%。也就是说，如果使用小汽车的所有人中，有1%的人改乘公共交通工具，那么每年全国就可以节约大约8000万升汽油。

　　★ 根据本段文字，下面哪种交通工具对环境污染最少？
　　　A 火车　　　　B 地铁　　　　C 小汽车　　　　D 公共汽车

　　★ 从短文中我们可以知道：
　　　A 小汽车是大众交通工具
　　　B 公共汽车的污染度高于小汽车
　　　C 任何时候都应该拒绝乘坐小汽车
　　　D 使用公共交通工具是保护环境的方法之一

84-85.

　　中秋节是中国的传统节日之一，与春节、清明节、端午节并称为四大传统节日。关于中秋节的来历，有许多美丽的传说。在节日这天，最热闹的就是全家人坐在一起吃月饼，观赏月亮，还有许多人玩花灯呢。其实，中秋节最重要的就是家人能在一起了。

　　★ 这段话主要介绍的是：
　　　A 月饼　　　　B 月亮　　　　C 花灯　　　　D 中秋节

　　★ 根据这段话，中秋节最重要的是什么：
　　　A 吃月饼　　　B 赏月亮　　　C 玩花灯　　　D 家人在一起

三、书写

第一部分

第86-95题：完成句子。

例如：那座桥　　800年的　　历史　　有　　了

　　　　那座桥有800年的历史了。

86. 共同的　　地球　　家　　我们　　是

87. 我　　你们　　还是　　最　　了解

88. 能　　洗　　干净　　你　　帮我　　吗

89. 收到　　能　　就　　三四天

90. 电话　　毛病　　这　　有　　是不是

91. 出去　　我们　　玩　　一起　　吧

92. 可以　　我　　问题　　提个　　吗

93. 他　　很　　好　　打得　　乒乓球

94. 能　　约　　她　　帮我　　你　　吗

95. 茶　　免费　　的　　是　　这　　吗

第二部分

第 96-100 题：看图，用词造句。

例如：  乒乓球　　她很喜欢打乒乓球。

96.  美丽

97.  凉快

98.  长城

99.  饺子

100.  躺

听力材料

（音乐，30秒，渐弱）

大家好！欢迎参加HSK（四级）考试。
大家好！欢迎参加HSK（四级）考试。
大家好！欢迎参加HSK（四级）考试。

HSK（四级）听力考试分三部分，共45题。
请大家注意，听力考试现在开始。

第一部分

一共10个题，每题听一次。

例如：我想去办个信用卡，今天下午你有时间吗？陪我去一趟银行？
　　★ 他打算下午去银行。

　　现在我很少看电视，其中一个原因是，广告太多了，不管什么时间，也不管什么节目，只要你打开电视，总能看到那么多的广告，浪费我的时间。
　　★ 他喜欢看电视广告。

现在开始第1题：

1. 下午将有一份重要的传真发过来，我还要开会，你能帮我接收一下吗？
　　★ 下午我要开会。

2. 他在大学的时候参加过很多活动，积累了大量的经验，所以毕业后很轻松就找到了工作。
　　★ 他找到工作了。

3. 在中国，有一个叫大山的外国人，他的汉语说得十分流利，跟中国人交流，一点儿问题都没有。
　　★ 大山的汉语不太好。

4. 他父母收入都很高，他经常想要什么就能买什么。
　　★ 他没钱买东西。

5. 您好，我们的办公室里是不能抽烟的，如果您想抽的话，去外边可以吗？
   ★ 办公室里禁止抽烟。

6. 医生，这几天我身体有点儿不舒服，还常咳嗽，是不是感冒了啊？
   ★ 他身体一直不好。

7. 他来北京出差，觉得北京的风景非常好，小吃很丰富，他特别希望能在北京多待一段时间，都不想回家了。
   ★ 他不回家了。

8. 同学们，我们明天去长城玩儿，明天早上七点半在校门口集合，八点出发，请不要迟到。
   ★ 明天早上七点半出发去长城。

9. 你一会儿说要跟女朋友分手，一会儿又说特别想念她，没有她活不下去。我就不明白了，你到底喜不喜欢你女朋友呢？
   ★ 他跟女朋友分手了。

10. 终于放暑假了，又有大量时间可以玩儿了，咱们先一起去李明家，然后三个人一块儿去旅游，好吗？
    ★ 他们要一起去旅游。

第二部分

一共15个题，每题听一次。

例如：女：该加油了，去机场的路上有加油站吗？
　　　男：有，你放心吧。
　　　问：男的主要是什么意思？

现在开始第11题：

11. 女：听说你的信用卡丢了，找到了吗？
    男：听谁说的？我的信用卡一直在家里，都没用过，怎么可能丢呢？
    问：男的主要是什么意思？

12. 男：天这么热，咱们一起去游泳吧？
    女：游泳？好啊，我特别喜欢，可是我一会儿还要去见老师呢。改天吧！
    问：女的一会儿要做什么？

13. 女：李明，你最近在学校里表现得特别好吧？老师都表扬你了。
    男：妈妈，老师在跟你开玩笑呢。老师说，我只要上课不乱讲话就很乖了。
    问：李明在学校里究竟什么样？

14. 男：这两件裙子都多少钱啊？
    女：红的一百八，蓝的二百六。
    问：男的最可能在哪儿？

15. 女：还好咱们走得快，差一点儿就迟到了。
    男：对啊，就差两分钟。
    问：根据对话，我们知道什么？

16. 男：那个男的太可怜了，一出生父母就死了，从小就开始受苦。
    女：我觉得故事很简单，但演员演得特别好。
    问：他们在谈什么？

17. 女：您能在下班之前赶回来吗？小王在办公室里等你呢。
    男：现在正在出租车上，应该来得及。
    问：男的是什么意思？

18. 男：出来的时候太着急了，我把咱们的机票忘家里了。
    女：说你什么好呢？这不是白跑一趟吗？快回去拿吧，要不就错过班机了。
    问：女的是什么意思？

19. 女：小王，再跟老李打电话约一下见面的时间和地点。
    男：上午才给他打过，他说现在比较忙，过两天再商量。都给他打过几次电话了，他应该是不想跟咱们见面。
    问：男的是什么意思？

20. 男：对不起，我不是故意踩你的脚的。
    女：没事儿，车上太挤了。
    问：他们最可能在哪儿？

21. 女：我就要出国工作了，你会经常给我打电话吗？
    男：当然了，你一个人在外边生活，多不容易啊。我得多关心关心你。
    问：男的是什么意思？

22. 男：老板，头发理得太短了吧，都快成光头了，我说要稍微长一点儿的。
    女：对不起，对不起，我是新来的，不太懂，给您打个八折，怎样？
    问：他们在谈什么？

23. 女：这道菜怎样？
    男：色香味刚好，很不错。
    问：他们在谈什么？

24. 男：那个舞蹈动作看起来很简单，但练起来还是相当难的。
    女：确实，"台上一分钟，台下十年功"嘛。
    问：男的是什么意思？

25. 女：如果重新念大学，我一定从进校门那天起就努力学习。
    男：其实，我觉得如果你从现在开始努力积累知识，一点儿也不晚。
    问：男的是什么意思？

第三部分

一共20个题，每题听一次。

例如：男：把这个文件复印五份，一会儿拿到会议室发给大家。
　　　女：好的。会议是下午三点吗？
　　　男：改了。三点半，推迟了半个小时。
　　　女：好，六零二会议室没变吧？
　　　男：对，没变。
　　　问：会议几点开始？

现在开始第26题：

26. 男：中秋节就要到了，咱们给你爸妈买点儿什么好呢？
    女：随便带点就行，我爸妈很好说话的。
    男：那可不行，中秋一年就一次，而且还是家人相聚的日子。
    女：老公，你真好，我爸妈听到会很高兴的。
    男：那咱就多买点月饼和水果好了。
    问：他们正在做什么？

27. 女：你好，欢迎光临。
    男：你好，请问这里好吃的菜是什么？
    女：我们店里的烤鸭很不错。
    男：那就先上一份烤鸭吧。
    问：他们最可能在哪儿？

28. 男：假期快要到了，咱们出去旅游吧？
    女：去哪儿呢？好多地方咱们都去过了，比如北京、上海、广州，这次去哪儿呢？
    男：听说跟团很方便，而且便宜，去东京的旅行正在打折，咱们这次跟着旅行团去日本吧？
    女：当然可以，不过咱俩的日语都不太好啊。
    问：他们准备去哪里旅行？

29. 女：这里有羽毛球吗？怎么卖？
    男：一块钱一个。
    女：给我拿十个吧。
    男：一共十块钱。
    问：两个羽毛球多少钱？

30. 男：你父亲母亲的职业是什么？
    女：我父亲是一名大夫，母亲是一位警察。
    男：你妈妈是一名女警察吗？她太厉害了。
    女：妈妈总是很忙，爸爸也要经常治病救人，他们都很少有时间陪我。
    问：女的的父亲是什么职业？

31. 女：王教授，您好，我想请问一下您关于空气污染问题的看法。
    男：你问的这个问题太大了，我不好回答。你是想知道空气污染的影响、危害，还是其他的呢？
    女：您能谈一下空气污染对亚洲经济发展的影响吗？
    男：好的。总体来看，空气污染限制了亚洲经济的发展……
    问：女的的具体问题是什么？

32. 男：天啊，我把钥匙忘到办公室了！
    女：不会吧？再找找看，你一直都很小心的。
    男：我再找找……
    女：钱包里那个不是吗？
    男：对啊，就是这串，多亏了你的提醒。
    女：别客气，下次小心点儿就是了。
    问：他们在做什么？

33. 女：这是你本月的奖金，详细情况都在这张表上，仔细看一下吧。
    男：好的。本月我没有请假啊，这里怎么缺少两天的奖金啊？
    女：我看看。哦，对不起，我弄错了，给你加上。
    男：不客气。以后仔细点儿就好了。
    问：对话最可能发生在哪里？

34. 男：您好，很高兴为您服务。请问，有什么需要帮忙吗？
    女：你好，我手机最近老打不出去电话。
    男：请您稍微等一下，我先帮您检查下手机。
    女：好的，谢谢你。
    问：对话最有可能发生在哪里？

35. 女：今天的演出真精彩，演员们演得都很棒。
    男：确实，我感觉观众们也都挺满意的。
    女：不过，我最想感谢的人还是你，如果不是你选择了这场演出，我也没有机会感受这种艺术啊。
    男：看你说的，我也是在网站上看到的消息。
    问：男的从哪里看到演出的消息？

第 36 到 37 题是根据下面一段话：

周一早上八点要开会，李明专门定了六点钟闹钟。可当天早上，闹钟根本就没响，李明起床的时候都已经七点了！不过还好，他在七点五十的时候赶到了公司，没有迟到。刚开始的时候，李明特别生气，想把闹钟扔了，但到了下午六点钟的时候，闹钟突然响了起来。原来，李明把时间调到下午六点了！

36. 李明周一什么时候赶到公司的？
37. 早上六点的时候，闹钟为什么没有响？

第 38 到 39 题是根据下面一段话：

同学们上午好！今天我们来学习一首唐代的古诗，名字是《行路难》。这首诗是中国古代著名的诗人李白写的。老师先给大家介绍一下诗人李白。李白被称为"诗仙"，就是说他的诗，描写的往往不是现实生活，而是包含许多浪漫的想象。

38. 说话人是谁？
39. 李白的诗有什么特点？

第 40 到 41 题是根据下面一段话：

周日，五岁的李明和妈妈、姐姐一起去公园玩。突然天下起了大雨，妈妈和姐姐都要把自己的雨衣给李明。李明感觉很奇怪，妈妈告诉他，因为他弱小，需要保护。李明看到地面上被雨打掉的花瓣，把雨衣披在了花朵的上边。他对妈妈和姐姐说："它们更需要保护啊。"

40. 李明认为谁最弱小呢？
41. 这段话主要讲了什么道理？

第 42 到 43 题是根据下面一段话：

随着全球经济的不断发展，世界各国间的交流也越来越多。地球正在成为全人类的"地球村"。为了更好地适应社会发展，在国际舞台上实现自己的人生价值，每个人都应该学会一到两门外国语言，开阔眼界，培养自己的跨文化能力，勇敢地在"全球化"的背景下努力获得成功。

42. 面对世界的变化，我们应该：
43. 这段话主要在说什么？

第 44 到 45 题是根据下面一段话：

这次合作的商品，价格不能再低了，我们给你们公司的价格，已经比其他公司低很多了。而且，我们还向你们保证了服务质量，价格上真的没有必要再谈了。要不，咱们现在就把合同确定下来？

44. 说话人正在做什么？
45. 双方谈论的重点是什么？

听力考试现在结束。

答案及解析

一、听力

题号	答案	解析
1	✓	细节题。原文说"我还要开会",所以答对。
2	✓	推断题。原文说"毕业后很轻松地就找到了工作",所以答对。
3	×	推断题。原文说"他的汉语说得十分流利",所以答错。
4	×	推断题。原文说"他想要什么就能买什么",而不是没钱买东西,所以答错。
5	✓	推断题。原文说"我们的办公室里是不能抽烟的",意思是办公室里禁止抽烟,所以答对。
6	×	细节题。句中说的是"这几天",而不是"一直",所以答错。
7	×	原文说他"希望"多待一段时间,"不想"回家了,是因为他觉得北京很好,而不是真的不回家了。
8	×	时间题。句中说的是"七点半集合","八点出发",而不是"七点半"出发,所以答错。
9	×	原文说他又想"跟女朋友分手",又"特别想念她",而不是已经分手了。
10	✓	细节题。他说"然后三个人一块儿去旅游",意思是他们要一起去旅游。
11	A	推断题。根据"在家里"、"没用过"、"怎么可能丢",可知信用卡没丢,选A。
12	C	女的说她"一会儿还要去见老师",可知选C;A项是干扰项,男的想去游泳,女的说改天再去,所以A不对。
13	C	细节题。"只要在课堂上不乱讲话就很乖了"表明李明在学校里爱说话,选C。
14	C	地点题。男的在问裙子的价钱,最有可能在商店,选C。
15	C	推断题。"差一点儿"、"就差两分钟",表明没有迟到,选C。
16	C	细节题。听清楚重点句子"演员演得特别好",知道他们谈的是电影,选C。
17	A	细节题。男的说"应该来得及",意思是他能赶回来,选A;文中提到"出租车",是男的已经在出租车上了,排除C、D。
18	D	推断题。女的回答虽然比较长,但听到关键句"快回去拿",可知选D。

19	B	态度题。男的说老李"应该是不想跟咱们见面",可知选B。
20	D	地点题。根据"车上太挤"可知选D。
21	D	细节题。男的说的是"当然",表示同意女方的意思,就是经常给她打电话,选D。
22	C	细节题。根据"头发理得太短",跟要求的"长一点儿"不一样,说明他们在谈论的是理发,而不是价格,选C。
23	B	细节题。女方问的是"这道菜",男方的回答是"色香味刚好",所以他们谈论的是饭菜,选B。
24	D	推断题。"确实"的意思是的确是这样,表示同意对方观点,"台上一分钟,台下十年功"就是舞台上的表演看起来简单,练起来很难的意思。选D。
25	D	推断题。男的说如果女的"从现在开始努力积累知识,一点儿也不晚",可知选D。
26	D	推断题。对话的意思是,中秋节就要到了,该给家人买点什么东西,选D。
27	A	地点题。通过听关键词"好吃的菜"、"烤鸭",确定地点是饭店,选A。
28	D	细节题。北京、上海、广州是已经去过的,可以排除ABC;男的说去东京旅行正在打折,可知选D。
29	B	数字题,细节题。这一题的重点是听清楚问题,问的是两个羽毛球多少钱,选B。
30	A	职业题。通过听"父亲是一名大夫"、"经常治病救人",可知父亲是一名大夫,选A。B项为干扰项,警察是妈妈的职业。
31	D	细节题。空气污染的影响、危害是男的举的例子,女的问的是"对亚洲经济发展的影响",选D。
32	C	推断题。根据"钥匙忘到办公室"、"找找看"、"就是这串",可知他们在找钥匙,所以选C。
33	D	地点题。根据"奖金"、"这张表"、"请假",知道他们在谈论工作方面的问题,选D。
34	D	地点题。通过"我先帮您检查下手机"知道是在手机店里,选D。
35	B	细节题。根据"我也是在网站上看到的消息"可知选B。做听力时,如果对话比较长,没有必要每个字都听清楚,要学会抓重点词句。

36	C	第 36 到 37 题 36 题为时间题，根据"七点五十赶到了公司"选 C。
37	D	37 题为细节题，闹钟最后响了，不是坏了，只是他"把时间调成了下午六点"，选 D。
38	B	第 38 到 39 题 这是老师在上课的时候说的一段话。文中一开始就说"同学们上午好"，38 题为职业题，根据"学习"、"老师先给大家介绍一下"，可以知道说话人是位老师，选 B。
39	C	39 题为关联词题，根据关联词"不是……而是……"，肯定的是后面的部分，所以是"浪漫的想象"，选 C。
40	D	第 40 到 41 题 这段话讲的是一个小故事，通过小故事告诉人们要保护弱小的道理的。40 题为比较题，李明说"它们更需要保护"，根据妈妈和姐姐说的弱小的需要保护，李明认为最弱小最需要保护的是花朵，选 D。
41	D	41 题为推断题，根据文中意思，可知我们应该保护弱小者，选 D。
42	B	第 42 到 43 题 第 42 题为细节题，文中说到面对世界变化时，每个人都应该学习外语，因此这道题应该选 B。
43	C	第 43 题为主旨题，这段话主要谈了在面对现在世界的变化时，每个人应该怎样获得成功。
44	C	第 44 到 45 题 这段话是实际生活中谈生意过程的一部分。44 题为推断题，根据重点词"商品""价格""公司"，可知他们在谈生意，选 C。
45	B	45 题也是推断题，"价格"在对话中出现了好多次，而且说话人一直在强调价格的问题，所以双方的争论点在价格上，选 B。

二、阅读

题号	答案	解析
46	C	根据固定搭配，"养成……的习惯"，选 C。
47	E	奥运会是一项大的活动，"举办活动"是固定搭配，所以选 E。
48	F	语言之间的转化应该用"翻译"，选 F。
49	B	与"多喝点儿水"对应的是"气候干燥"，选 B。
50	A	要去卫生间，就是得离开一会儿，需要别人代替一下，选 A。
51	B	"正在"后边跟的应该是动词，本题里只有"考虑"和"拒绝"两个动词，根据句子的意思，选 B。
52	D	这道题缺少的也是动词，根据"工资有点低"，可以知道他"拒绝了那份工作"，选 D。
53	E	B 句的意思是同意 A 句的观点，选 E。
54	A	文中的句子成分较为完整，缺少的是副词，"正式"在这里意思是认真地、合乎一定标准地，选 A。
55	F	"出生地"是指一个人出生的地方，孔子在山东出生，选 F。
56	CBA	根据事情的发展顺序，应该是先有病，然后别人去看望，A 选项中有关键词"还"，确定排列顺序为：CBA。
57	BAC	根据事情的发展顺序，应该是先回国，看到国内变化，然后下定决心留在国内，顺序为：BAC。
58	CBA	根据因果关系排序，应该是秋天要来了，夏天的衣服不好卖了，所以要打折；衣服要打折，所以我和同事决定去逛街买衣服，句子的排列顺序为：CBA。
59	BAC	"不同的爱好表示不同的性格"是一个作者的观点，后半部分是解释这句话的，所以句子排列顺序为：BAC。
60	CAB	根据句子的意思，先说"有很多节日"，然后指出"春节是其中最热闹的一个"，因为"最热闹"，所以"孩子们都希望能够天天过春节"。而且，"春节是其中最热闹的一个"有"其中"一词，不可能排在最前面，所以排列顺序为：CAB。
61	BAC	本题表现的是一连串的动作，根据时间先后顺序和句子的意思，应该是先"听到大门响"，然后是"去开门"，接着是开门之后看到的情况，所以句子排列顺序为：BAC。
62	CAB	句子的意思是来中国前后，他对长城看法的改变，所以句子排列顺序为：CAB。

63	CAB	句子的意思是说中国近几年出现了"国学热"的情况,然后举例子具体解释了什么是"国学热";"甚至"表示程度上更深,应该放在后边;"有的孩子"是"好多孩子"中的一部分,所以句子排列顺序为:CAB。
64	BCA	"要……"表示目的,应放到前面,"是……而不是……"是一个习惯用语,所以句子排列顺序为:BCA。
65	BCA	根据时间先后和因果关系,应该是白天到处玩,晚上感觉累,"却"表转折,得放在句子后面,所以句子顺序为:BCA。
66	A	"手头有点紧"表示钱不够花,选A。B项是"紧"的一个用法,但这里用的不是这个意思,排除。
67	D	"艺术"在这里的意思是很合适,符合需要,能够达成目的,选D。A项跟说话人句意相反,明显不对。B项和C项接近答案,但都没有表现出李明说话特别适合这层意思。
68	C	本句话是"比"和"被……超过"表示的比较,选C。李明唱得比王刚好,刘洋唱得比李明好。
69	C	根据句子的意思,在"国外读书和生活",有利于"健康成长",好找工作不是最重要的,选C。A项和B项都是"健康成长的"某个方面,不全面。
70	A	这段话说大海和天空是为了更好地解释胸怀的宽广,说舞台是为了解释胸怀宽广的好处,所以选A。
71	C	推断题。根据文意可以知道,他不害怕危险,并且总是保护周围的人,说明他很勇敢,因此应该选C。
72	B	细节推断题。注意反向思考,原文说的是"不注意休息的话,眼睛很容易近视",想要"减少近视",就要注意休息眼睛,选B。
73	A	主旨题。本段话前三个问句都是为了吸引读者的注意力,想要表达的内容是最后一小句话,所以选项为A。
74	D	细节题。句子开头部分说到她刚工作时,遇到了很多困难,说明那时她的工作"并不轻松",所以应该选D。她最后的成功"让人羡慕",而不是开始的工作,因此不选A;她开始工作时遇到很多困难,因此不是"条件很好"或"环境不错",所以不选B和C。
75	B	细节题。A和C选项在文中都提到了,但不是最重要的学习语言的方法,因此不选。而D选项是语言学习应该包括的内容,与题目问题没有关系,因此不选。只有B选项和文中"坚持每天课后复习"相符合,即"每天复习",因此选B。

76	D	主旨题。这几句话都在说不同的人对"幸福"的不同理解，所以选D。
77	A	主旨题。这段话不是强调年轻人"工作压力大"，"生活节奏快"，而是说在这种背景下，青年人选择了旅游这种减压、保持健康的方式，选A。
78	A	主旨题。最后一句"有什么样的态度，就有什么样的人生"是这段话的重点，所以选A。B项范围太大，不能选；C项虽然在文中多次出现，但是是为了说明态度的重要性，不对。
79	D	主旨题。这句话主要说了怎样成为一名优秀的教师，因此选D。而ABC三个选项只是成为优秀教师应该具备的品质，不是这句话的主要内容，因此不选。
80	D	第80到81题 这段话主要讲的是大学生活的感受。80题为比较题，根据原文"更重要的是我交了很多好朋友"，选D。B项和C项虽然都是大学生活的感受，但不是"最重要的"。 81题为主旨题，ABC三项都不够全面，综合起来，正是D项。
81	D	
82	B	第82到83题 这段话主要讲通过改变交通方式来保护城市环境。82题是细节推断题。根据文中的数字可以知道，地铁的污染度比小汽车和公共汽车都小，因此应该选B。 83题是细节判断题。根据文章内容，A选项中小汽车不是大众交通工具，因此不选；B选项中公共汽车污染度比小汽车低，因此不对；文中只是说"尽量减少乘坐小汽车"，因此C选项不对；最后D选项符合文章的内容，因此选D。
83	D	
84	D	第84到85题 这段话主要是介绍中秋节的相关情况。84题是主旨题，文中主要描述的是中秋节，选D，ABC三项都是中秋节的组成部分，不全面。 85题为细节题，根据最后一句话"最重要的是家人能在一起了"，选D。ABC都是中秋节经常做的事情，但都不是"最重要的"。
85	D	

三、书写

题号	答案	解析
86	地球是我们共同的家。	这个句子主要考查"是"的用法，同时也考查"共同的家"这样的偏正短语结构。此句中"地球"为主语，放在最前面，"是"作谓语，"我们"作定语限制宾语"共同的家"，所以答案为：地球是我们共同的家。
87	还是你们最了解我。	这个句子主要考查的是"最"和"还是"的用法。"了解"与"我"构成动宾短语，"最"作副词修饰"了解"，表示了解的程度，主语是"你们"，"还是"放句首，表示说话人的强调语气。所以答案是：还是你们最了解我。
88	你能帮我洗干净吗？	这个句子主要考查的是副词"能"的位置和动补结构的用法。"能"一般放在动词前面，表示具备某种能力，"洗"和"干净"组成动补结构，表示洗的程度，"帮+某人+动词"在句中做谓语和宾语。所以答案为：你能帮我洗干净吗？
89	三四天就能收到。	此句主要考查时间名词作主语。这里的"三四天"直接放在句首作主语，"能收到"表示事情发生的可能性，作谓语，"就"表示时间短、动作快，因此答案为：三四天就能收到。
90	这电话是不是有毛病？	主要考查"是不是"和"有"的用法，"有"加上名词"毛病"，表示事物存在的一种状态，"是不是"表示一种选择性判断，作为副词放在动宾结构"有毛病"前面，"这"限制"电话"，一起作主语。所以答案为：这电话是不是有毛病？
91	我们一起出去玩吧。/我们出去一起玩吧。	主要考查"一起"的用法。"一起"是副词，表示大家同时做某件事，放在动词前即可，但本题中出现了"出去"和"玩"两个动词，所以就出现两种搭配"一起出去玩"和"出去一起玩"。"我们"是主语，所以答案是：我们一起出去玩吧。/我们出去一起玩吧。

题号		解析
92	我可以提个问题吗？	这句话主要是考查"可以"和"个"的用法。"个"放在动宾短语中的动词和宾语之间，可表示随意、轻松，副词"可以"表示可能、能够或许可，放在动宾短语的前面，"我"是主语，所以答案是：我可以提个问题吗？
93	他乒乓球打得很好。	这个句子主要考查动补结构的用法。当一个句子中同时存在宾语和补语时，句式为：主语＋动词＋宾语＋动词＋补语；有时为了避免动词的重复，可省略掉第一个动词：主语＋宾语＋动词＋补语。本句动词"打"只出现一次，因此本句语序为：他乒乓球打得很好。
94	你能帮我约她吗？	这个句子主要考查"约"的意思和用法。"约"后边直接跟某人，表示和某人约会。"你"是主语，"能"作副词，修饰"帮"，"帮＋某人＋动词"表示帮助某人做某事。所以答案是：你能帮我约她吗？
95	这茶是免费的吗？	在汉语中，"……的"这个形容词性偏正结构，经常会把后边跟的名词省略掉，直接用"……的"表示某一类的事物，例如本题"免费的"后边就省略了"茶"，"这"在这里修饰"茶"，起限制作用，"是"作谓语，"免费的"作宾语，"吗"语气词表疑问语气。因此该句答案是：这茶是免费的吗？

第二部分

题号	答案	解析
96	这是个美丽的地方。	图中的风景很美丽，题目给出的词是"美丽"，因此可以造句为：这是个美丽的地方。
97	海边很凉快，很多人在游泳。	图中的地点是在海边，人们都在游泳玩耍，题目给的词是"凉快"，因此可以造句为：海边很凉快，很多人在游泳。
98	我去过长城很多次。	图中是长城，题目给的词是"长城"。考生可以发挥自己的想象力，造句为：我去过长城很多次。
99	中国人过年的时候吃饺子。	图中是饺子，题目给出的词是"饺子"，因此可以造句为：中国人过年的时候吃饺子。
100	三只可爱的小猫躺在地上。	图中有三只小猫，它们都躺在地上，题目给的词是"躺"，所以可以造句为：三只可爱的小猫躺在地上。

模拟试卷（三）

新汉语水平考试
HSK（四级）

注　　意

一、HSK（四级）分三部分：

　　1. 听力（45题，约30分钟）

　　2. 阅读（40题，40分钟）

　　3. 书写（15题，25分钟）

二、听力结束后，有5分钟填写答题卡。

三、全部考试约105分钟（含考生填写个人信息时间5分钟）。

一、听 力

第一部分

第1-10题：判断对错。

例如：我想去办个信用卡，今天下午你有时间吗？陪我去一趟银行？

★ 他打算下午去银行。 (✓)

现在我很少看电视，其中一个原因是，广告太多了，不管什么时间，也不管什么节目，只要你打开电视，总能看到那么多的广告，浪费我的时间。

★ 他喜欢看电视广告。 (×)

1. ★ 火车还没到站。 (　　)

2. ★ 学生假期都会参加运动。 (　　)

3. ★ 运动使人健康。 (　　)

4. ★ 小王对工作人员很满意。 (　　)

5. ★ 资料复印了。 (　　)

6. ★ 香山不远。 (　　)

7. ★ 我最近很忙。 (　　)

8. ★ 他要租房子。 (　　)

9. ★ 我一定要理发。 (　　)

10. ★ 饭店的菜不贵。 (　　)

第二部分

第 11-25 题：请选出正确答案。

例如：女：该加油了，去机场的路上有加油站吗？

男：有，你放心吧。

问：男的主要是什么意思？

   A 去机场 B 快到了 C 油是满的 D 有加油站 ✓

11. A 破 B 高级 C 漂亮 D 不便宜

12. A 轻松 B 可怜 C 有趣 D 兴奋

13. A 购物 B 在减肥 C 在体育馆 D 讨论饭菜

14. A 很无聊 B 准备考试 C 觉得书太难 D 读过这本书

15. A 麻烦人 B 表示抱歉 C 不知道感谢 D 感谢对方

16. A 热情 B 幽默 C 认识李教授 D 不认识李教授

17. A 打扫 B 吃饭 C 握手 D 访问

18. A 文件早印好了 B 会议开始了 C 文件快印好了 D 男的生病了

19. A 合格 B 精彩 C 详细 D 有缺点

20. A 北京很冷 B 空调坏了 C 北京很热 D 最高 40 度

21. A 陪父母　　　　　B 去旅游　　　　C 做生意　　　　D 锻炼身体

22. A 笔记本　　　　　B 信用卡　　　　C 手机　　　　　D 词典

23. A 爸爸不抽烟　　　B 爸爸咳嗽　　　C 爸爸又抽烟了　D 爸爸没办法

24. A 教师　　　　　　B 学生　　　　　C 导游　　　　　D 售货员

25. A 赢了　　　　　　B 没赢　　　　　C 太马虎　　　　D 很顺利

第三部分

第 26-45 题：请选出正确答案。

例如：男：把这个文件复印五份，一会儿拿到会议室发给大家。

女：好的。会议是下午三点吗？

男：改了。三点半，推迟了半个小时。

女：好，六零二会议室没变吧？

男：对，没变。

问：会议几点开始？

A 两点　　　　B 3点　　　　C 3:30 ✓　　　　D 6点

26. A 市场　　　　B 医院　　　　C 图书馆　　　　D 网球场

27. A 很轻松　　　B 很随便　　　C 很一般　　　　D 不正式

28. A 天气不好　　B 去户外活动　C 天气很好　　　D 出去玩

29. A 来晚了　　　B 在开车　　　C 撞车了　　　　D 车速太慢

30. A 8:00　　　　B 7:00　　　　C 6:30　　　　　D 6:00

31. A 不想睡觉　　B 睡不着　　　C 节目精彩　　　D 要考试

32. A 买手机　　　B 租房子　　　C 去打针　　　　D 整理文件

33. A 太吵　　　　B 没时间　　　C 看不懂　　　　D 无聊

34. A 邮局　　　　B 宾馆　　　　C 公园　　　　　D 饭馆

35. A 艺术馆　　　　B 大使馆　　　　C 加油站　　　　D 钥匙

36. A 记在心里　　　B 告诉朋友　　　C 鼓励自己　　　D 贴在镜子上

37. A 写纸条　　　　B 实现梦想　　　C 浴室的镜子　　D 承担责任

38. A 脾气好　　　　B 血压高　　　　C 病可以治好　　D 工作压力大

39. A 喝酒　　　　　B 抽烟　　　　　C 写小说　　　　D 弹钢琴

40. A 森林　　　　　B 城市　　　　　C 气候　　　　　D 法律

41. A 禁止伐树　　　B 允许伐树　　　C 不保护植物　　D 伐树必须申请

42. A 紧张　　　　　B 焦急　　　　　C 兴奋　　　　　D 难受

43. A 是学生　　　　B 是演员　　　　C 很年轻　　　　D 没有得奖

44. A 商店　　　　　B 市场　　　　　C 学校　　　　　D 家里

45. A 参观　　　　　B 看电视　　　　C 听广播　　　　D 做生意

二、阅 读

第一部分

第46-50题：选词填空。

A 所有　　B 反映　　C 恐怕　　D 坚持　　E 无聊　　F 撞

例如：她每天都（ D ）走路上下班，所以身体一直很不错。

46. 照顾儿子几乎占去了母亲（ ）的休息时间。

47. 小王的父亲开车时，不小心把路边的垃圾桶（ ）倒了。

48. 明天我去火车站买回家的火车票，（ ）不能陪你去打羽毛球了。

49. 那个电影真是太（ ）了，我看到一半就走了。

50. 他们经常在教室里乱扔东西，我们要向老师（ ）这一情况。

第51-55题：选词填空。

      A 祝贺   B 按时   C 温度   D 暖和   E 钥匙   F 顺利

例如：A：今天真冷啊，好像白天最高（ C ）才2℃。
      B：刚才电视里说明天更冷。

51. A：今天是你们的好日子，我们来（　　）你们了。
    B：真是太谢谢了，还麻烦你们来一趟。

52. A：上海的冬天比北京（　　）吧？
    B：气温虽然比北京高一些，但房间里却不比北京暖和，因为没有暖气。

53. A：即使下大雨，你们也一定要（　　）出发。
    B：放心吧，都已经安排好了。

54. A：你们谈得怎么样？
    B：不太（　　），他们坚持要由我们负责。

55. A：亲爱的，你怎么一直站在门口呢？
    B：我忘记带屋门的（　　）了，给你打电话也没有人接，只好在门口等你了。

第二部分

第 56–65 题：排列顺序。

例如：A：可是今天起晚了

　　　B：平时我骑自行车上下班

　　　C：所以就打车来公司　　　　　　　　　　　　　B A C

56. A：去年和朋友去感觉好极了

　　 B：小时候去苏州没什么印象

　　 C：有机会一定再去一次　　　　　　　　　　　 _____

57. A：他拒绝到其他城市出差

　　 B：并且推迟了出国留学的计划

　　 C：由于母亲身体不好　　　　　　　　　　　　 _____

58. A：大学毕业后去日本留学

　　 B：他从小就十分优秀

　　 C：回国后在一家大企业当翻译　　　　　　　　 _____

59. A：有些人生理想用尽一生也无法实现

　　 B：但这并不代表我们就不能获得幸福

　　 C：对多数人来说　　　　　　　　　　　　　　 _____

60. A：所以我们应该保护地球
    B：因为地球是我们共同的家
    C：爱护森林和海洋，并且减少污染　　　　　　＿＿＿＿＿＿

61. A：但是因为有点儿别的事
    B：朋友寄来的礼物刚才已经收到了
    C：所以还没来得及打开看　　　　　　　　　　＿＿＿＿＿＿

62. A：加油站附近找不到适合儿童游玩的公园
    B：更别提医院和银行了
    C：也找不到购物的大超市　　　　　　　　　　＿＿＿＿＿＿

63. A：在语言大学学习汉语
    B：去年八月底我到了北京
    C：在这里我经历了以前从没有经历过的事情　　＿＿＿＿＿＿

64. A：屋里和屋外一样冷
    B：所以在屋里就远远没有北京那么舒服了
    C：上海普通人家没有暖气　　　　　　　　　　＿＿＿＿＿＿

65. A：至于价钱等你选中了再商量
    B：你先仔细看看这些裤子
    C：质量、颜色是不是合适　　　　　　　　　　＿＿＿＿＿＿

第三部分

第 66-85 题：请选出正确答案。

例如：她很活泼，说话很有趣，总能给我们带来快乐，我们都喜欢和她在一起。

★ 她是个什么样的人？

A 幽默 ✓   B 马虎   C 骄傲   D 害羞

66. 大部分人坐火车旅行都要提前买好食品和饮料带上车，其实火车上也卖各种各样的吃的，只是价格太贵了，至少比外面贵一倍。

★ 火车上的食品和饮料：

A 价格贵   B 不干净   C 种类少   D 味道差

67. 写错几个汉字不算什么。我才粗心呢，上次考试的时候我竟然连名字都忘了写了。

★ 根据这段话，我最可能是在：

A 学习   B 考试   C 写答案   D 安慰别人

68. 孩子前几天就发烧咳嗽，我们以为是感冒，一直没重视，另外上班也实在是忙，就没送他去医院，没想到会变得这么严重。

★ 没送孩子去医院，我现在觉得：

A 无聊   B 后悔   C 同情   D 伤心

69. 这份计划书是前天完成的，在正式提交校长办公室讨论之前，想请您看看有哪些缺点，还少什么内容。

★ 我请你：

A 参加讨论   B 完成计划   C 上交材料   D 指出缺点

70. 小李很会照顾人，性格幽默，脾气又好，相信会是一个优秀的丈夫，同事们都非常羡慕你。

    ★ 根据这段话，可以知道小李：

    A 羡慕你　　　B 爱生气　　　C 性格好　　　D 欢迎你

71. 如果你真的对中国文化感兴趣并且有时间，那么与中国人一起生活一段时间会是个不错的办法，因为文化就在人们的日常生活中。

    ★ 和中国人一起生活才能更好地理解中国文化，是因为：

    A 更感兴趣　　B 时间允许　　C 生活需要　　D 文化在生活中

72. 你最好能回一趟家，收拾一下自己的行李，顺便把妹妹的词典带回去。放在这儿，她找不到的时候又该乱花钱了。

    ★ 根据这段话，妹妹找不到词典可能会：

    A 回家取　　　B 去图书馆借　　C 找哥哥要　　D 花钱买

73. 我来带你们熟悉一下这里吧：大夫的办公室就在镜子的后面；对面是护士打针的办公室；病房的左边有免费的牛奶机；每层楼梯附近都有洗手间。

    ★ 这段话主要谈：

    A 环境　　　　B 地址　　　　C 风景　　　　D 工具

74. 最近，看足球比赛的观众越来越少。虽然比赛门票一再打折，价格低得几乎是白送，但仍然卖不出去几张。

    ★ 足球比赛的门票：

    A 很难卖　　　B 价格很贵　　C 不打折　　　D 卖了很多

75. 现在，手机已不仅仅是打电话的工具了，还可以看书、打游戏、聊天、听音乐、看电视、照相等，真是"没有做不到，只有想不到"。

    ★ 这段话主要谈：

    A 怎样打游戏　　　　　　　B 对手机的印象
    C 手机的作用　　　　　　　D 打电话的工具

76. 成功的人与失败的人，刚出生的时候几乎没有不同，区别只是前者在其他人的影响下更多地发现了自己的优点，而后者发现更多的是自己的缺点。

★ 成功的人与失败的人相比：

　　A 优点更多　　　B 缺点更多　　　C 很不相同　　　D 更有信心

77. 中国的公共汽车上，黄颜色的座位一般是留给老人、儿童等需要照顾的人的，如果他们上车，坐在这种座位上的人应该主动把座位让出来。

★ 老人和儿童在公共汽车上会：

　　A 得到照顾　　　B 没有座位　　　C 让出座位　　　D 照顾别人

78. 要在这周围租到合适的房子，确实不容易：偶尔找到间够大的，价格又贵得让人接受不了；价格还可以的，房子又实在没办法住。

★ 这附近够大的房子：

　　A 没法住　　　B 价格贵　　　C 买不到　　　D 容易租

79. 厨房里有一台冰箱，客厅里摆着沙发。还有一台洗衣机，放在洗手间里。

★ 这段话中的"沙发"属于：

　　A 工具　　　B 材料　　　C 家具　　　D 礼物

80-81.

动物园里来了只年轻的狮子，他和老狮子关在同一个笼子里。管理员每次来喂食，总是给年轻狮子一根香蕉，而给老狮子一大块肉。年轻狮子心想：可能我是新来的，过一段时间就有肉吃了。经过三个月后还是如此，年轻狮子终于发脾气了，就问管理员："为什么我来了三个月了还是只吃香蕉？"管理员回答说："因为你在猴子的座位上！"

★ 动物园来了只什么动物？
　　A 老虎　　　B 大象　　　C 狮子　　　D 猴子

★ 管理员给年轻狮子吃：
　　A 香蕉　　　B 饼干　　　C 巧克力　　　D 西红柿

82-83.

春节，是欢迎春天到来的节日，是中国最热闹的节日，也是中国最有特点的一个节日。而春节最常见的颜色就是红色了，大街上到处都是欢喜的红色，红色打扮了中国人的春节。在中国人心中，红色代表希望，红色是幸福和快乐，红色给人信心和力量。

★ 这段主要介绍：
A 春天　　　　B 中国　　　　C 春节　　　　D 希望

★ 春节常见的颜色是：
A 黄色　　　　B 绿色　　　　C 蓝色　　　　D 红色

84-85.

生活中的语言习惯，是在一定的文化环境中养成的，对这一点人们往往不太注意。文化环境变了，一些不成问题的"问题"就出现了。例如，中国人习惯在其他人表扬自己的时候客气地说"哪里，哪里"。西方人完全不能理解，因为他们习惯了受到表扬的时候说"谢谢"，表示对别人意见的肯定和尊重。

★ 文化环境会影响人们的：
A 生活地点　　　　　　　B 怎样解决问题
C 语言习惯　　　　　　　D 文化水平

★ 不同文化环境的人交流可能：
A 不被尊重　　B 出现问题　　C 解决难题　　D 产生误会

三、书 写

第一部分

第 86-95 题：完成句子。

例如：那座桥   800 年的   历史   有   了

　　　那座桥有800年的历史了。

86. 坚持   是   关键   学好语言的

87. 这是一张   售货员   无效的信用卡   发现

88. 中国   长江   是   河流   最长的

89. 他   广播   喜欢   国际   收听

90. 羡慕   这个   令人   职业   律师

91. 共同语言的   千万不能   两个人   没有   结婚

92. 写在   你   笔记本上   把号码   最好

93. 昨晚的   京剧   精彩   演出   很

94. 不只是   网球   需要的   速度   这种运动

95. 文章   关于法律的   难翻译   特别   这篇

第二部分

第 96-100 题：看图，用词造句。

例如： 乒乓球　　她很喜欢打乒乓球。

96.　　　　　　　　　弹钢琴

97.　　　　　　　　　毕业

98.　　　　　　　　　愉快

99.　　　　　　　　　聊天

100.　　　　　　　　风景

听力材料

（音乐，30秒，渐弱）

大家好！欢迎参加HSK（四级）考试。
大家好！欢迎参加HSK（四级）考试。
大家好！欢迎参加HSK（四级）考试。

HSK（四级）听力考试分三部分，共45题。
请大家注意，听力考试现在开始。

第一部分

一共10个题，每题听一次。

例如：我想去办个信用卡，今天下午你有时间吗？陪我去一趟银行？
　　★ 他打算下午去银行。

　　现在我很少看电视，其中一个原因是，广告太多了，不管什么时间，也不管什么节目，只要你打开电视，总能看到那么多的广告，浪费我的时间。
　　★ 他喜欢看电视广告。

现在开始第1题：

1. 旅客朋友们，您乘坐的火车就要到首都北京了，请您带好自己的行李物品，准备好下车。
   ★ 火车还没到站。

2. 有些学生可能比较懒，放暑假和寒假的时候每天都在家里，从来不出去运动，也不参加任何活动。
   ★ 学生假期都会参加运动。

3. 体育运动能使身体健康。一个人身体越健康，减少疾病和减轻工作、家庭压力的能力越强。
   ★ 运动使人健康。

4. 小王昨天去大使馆办签证，使馆工作人员的礼貌和友好给他留下了很深的印象。

★ 小王对工作人员很满意。

5. 王经理，您让我整理的资料我整理得差不多了，只是还没有复印。
   ★ 资料复印了。

6. 我以为香山离这里很远呢，没想到骑自行车四十分钟就到了。香山的红叶真美丽！
   ★ 香山不远。

7. 实在很抱歉。等忙过了这段时间，我一定和你去散步。
   ★ 我最近很忙。

8. 明天即使下大雨，我也会陪你去租房子的，我可不能让你没有住的地方。
   ★ 我要租房子。

9. 尽管理发店里人很多，我还是决定坐下来等，因为我的头发实在太长了。
   ★ 我一定要理发。

10. 这家饭店的工作人员服务态度很好，菜做得也很香，就是价格太贵了。
    ★ 饭店的菜不贵。

第二部分

一共15个题，每题听一次。

例如：女：该加油了，去机场的路上有加油站吗？
　　　男：有，你放心吧。
　　　问：男的主要是什么意思？

现在开始第11题：

11. 男：你刚买了洗衣机是吗？
    女：是的，我买了一台旧洗衣机，新的太贵了。
    问：女的为什么不买新洗衣机？

12. 女：当记者可真够辛苦的，又要到处跑腿，又要写文章。
    男：不就是到处走走，找找人，写写文章吗？
    问：男的觉得当记者怎么样？

13. 男：这家饭馆的菜很丰富，你一定得尝尝，今天我请客，咱们好好吃一顿。
    女：这儿的菜是不错，不过我这几天在减肥，不能吃太多了。
    问：他们在做什么？

14. 女：上个月买的那本书太难了，你觉得呢？
    男：我还没读，最近在忙考试。
    问：关于男的可以知道什么？

15. 女：总是麻烦你，真不知道怎么感谢你才好！
    男：你太客气了！
    问：女的是什么意思？

16. 女：听说你认识李教授，是真的吗？
    男：当然，他是我的老朋友了，他这个人十分幽默。
    问：关于男的，可以知道什么？

17. 男：都是你喜欢吃的菜，多吃点儿。
    女：谢谢，不过最近肚子有点儿不舒服。
    问：他们最可能在做什么？

18. 女：会议要用的文件打印好了吗？
    男：马上就好。如果昨天打印机没坏的话，现在早就打印好了。
    问：根据对话可以知道什么？

19. 女：你觉得今天的计划怎么样？
    男：这个计划还存在很多缺点，需要再考虑。
    问：今天的计划怎么样？

20. 女：北京今年真热啊！每天开着空调还是很热，我都快受不了啦。
    男：可不是嘛！今年最高温度是四十一度，比去年夏天高好几度呢。
    问：根据对话可以知道什么？

21. 男：快要放寒假了，你春节有什么计划吗？
    女：我想回家多陪陪父母，跟他们一起包包饺子，走走亲戚。
    问：女的春节有什么打算？

22. 女：我给你打电话，你怎么不接啊？
    男：不好意思，出门的时候忘记带了。
    问：男的忘了带什么？

23. 男：爸爸又咳嗽了。大夫不让他抽烟的，他又抽了吗？
    女：我提醒过他，可他就是不听，我也没有办法。
    问：女的是什么意思？

24. 女：这种样子的包，对什么人都合适，教师、学生，尤其是你们做导游的，买的人很多。
    男：是吗，我得再考虑考虑。
    问：男的是做什么的？

25. 女：这次乒乓球比赛你赢了吗？我猜你一定赢了。
    男：唉，让你失望了，我差一点儿就赢了。
    问：男的是什么意思？

第三部分

一共20个题，每题听一次。

例如：男：把这个文件复印五份，一会儿拿到会议室发给大家。
    女：好的。会议是下午三点吗？
    男：改了。三点半，推迟了半个小时。
    女：好，六零二会议室没变吧？
    男：对，没变。
    问：会议几点开始？

现在开始第26题：

26. 男：今天感觉怎么样？看你比前几天有精神了。
    女：刚吃了点儿药，我真想早点儿出院。
    男：还是再住几天吧，这样比较安全。
    问：女的最有可能在哪儿？

27. 男：今天这么重要的国际会议，你怎么穿成这样？
    女：这样不行吗？我那套正式的衣服脏了没法穿。
    男：时间还来得及，你赶快找同事借一套。
    问：女的打扮得怎么样？

28. 女：今天天气真好，到户外活动活动怎么样？
    男：今天天气是很好，可是我的工作还没做完呢。
    女：好吧，那咱们改天再出去玩。
    问：通过对话，可以知道什么？

29. 女：你怎么这么晚才来报名啊？是不是发生什么事了？
    男：唉，没办法，路上堵车太厉害了。
    女：原来是这样，现在城市交通是个大问题啊。
    问：男的怎么了？

30. 女：音乐会八点钟开始，咱们七点钟出发就不晚。
    男：七点太晚了，万一路上堵车呢？咱们还是提前一个半小时出发吧。
    女：今天是周末，没那么多车的，我保证迟到不了。
    问：女的最可能什么时候去音乐会？

31. 男：你怎么还不睡觉？还在这里看电视。
    女：我白天睡了一天，现在睡不着。
    男：那你应该去看书啊，后天就要考试了。
    问：女的为什么在看电视？

32. 男：麻烦你帮我个忙，行吗？
    女：什么忙啊？
    男：我想在公司附近租套房子。
    女：行，我帮你看看。
    问：男的想干什么？

33. 男：你看过京剧吗？看得懂吗？
    女：看不太懂，但我很喜欢。
    男：我一点儿也不喜欢京剧，因为我觉得它很吵。
    问：男的为什么不喜欢京剧？

34. 女：请问，要单人间还是双人间？
    男：一个单人间，一个双人间。
    女：好的，我带您去看看房间。
    问：他们最可能在哪儿？

35. 女：打扰您一下儿，去艺术馆怎么走？我对这里不是很熟悉。
    男：沿着这条路一直往前走，经过四个十字路口才到，你最好打车过去。
    女：好的，太感谢你了！
    问：女的在找什么？

第 36 到 37 题是根据下面一段话：

　　每天提醒自己去实现梦想，最简单的方法是把你的梦想写在纸条上，并贴在浴室的镜子上，这样你每天都能看见这张纸条，并且提醒自己去实现梦想。

　　36. 怎样提醒自己实现梦想？
　　37. 这段话主要讲的是什么？

第 38 到 39 题是根据下面一段话：

　　经过检查，医生对病人说："您的病是可以治好的，只是您以后再也不要弹钢琴了。"护士吃惊地问医生："我怎么一点儿也不懂，这个病人的病和弹钢琴有什么关系？""当然有，因为他住我家楼上。"

　　38. 关于病人可以知道什么？
　　39. 医生不让病人做什么？

第 40 到 41 题是根据下面一段话：

　　新西兰的法律规定，在城市里不管是谁，都不能随便砍伐树木。如果这棵树非要砍伐，当事人必须提前进行申请，获得允许后才能进行。并且要按照树木的大小向有关机构上交一笔数字不小的钱。正是因为有了法律保护，新西兰的绿化才达到了世界最高水平。即使是生活在城市中的人们，也好像是住在森林里一样。

　　40. 这段话主要谈论新西兰的什么？
　　41. 下面关于新西兰法律的说法，哪一项是正确的？

第 42 到 43 题是根据下面一段话：

　　大家晚上好，很高兴能得到这个奖，在这里我要感谢我的老师，在我最低落的时候，是您用鼓励的话语让我将信心重新捡起。您丰富我的知识，发现我的优点，为我点亮了希望。谢谢您，老师！

　　42. 说话人现在心情怎么样？
　　43. 关于说话人，可以知道什么？

第 44 到 45 题是根据下面一段话：

　　今天本店开张一周年，衣服、帽子、鞋袜等商品都打折，价格实在，质量合格，适合各个年龄段的顾客。我们一切以顾客为中心，有需要的顾客赶快来买啊。

　　44. 说话人最可能在哪儿？
　　45. 他们正在做什么？

听力考试现在结束。

答案及解析

一、听力

题号	答案	解析
1	✓	推断题。"就要……了"表示将要发生的事，所以意思是：火车将要进站了。因此"火车还没到站"是正确的。
2	×	推断题。注意关键词"懒"、"在家里"、"不出去运动"，"从来"表示从开始到现在。
3	✓	细节题。文中出现"体育运动能使身体健康"，所以答对。
4	✓	推断题。出现"礼貌"和"热情"等积极的词，说明小王很满意，所以答对。
5	×	推断题。"还没有"是说资料还没复印，所以答错。
6	✓	细节题。"以为"表示自己想的情况和实事不一样，"以为很远"事实是不远，所以答对。
7	✓	细节题。"抱歉"、"忙完散步"等说明他真忙，所以答对。
8	×	推断题。文中虽然出现了"租房子"，但是对象不是"我"，而是"我陪你租房子"。
9	✓	推断题。"太"在这里的意思是程度过分，不如人意，所以"头发太长了"表示我一定要理发。
10	×	推断题。抓住最后一句"就是价格太贵了"，说明菜很贵，所以答错。
11	D	细节题。注意听文中的细节"新的太贵了"，所以她买旧洗衣机，选D。
12	A	推断题。"不就是……吗"表示反问，"到处走走，写写文章"这种动词重叠表示很随意，即男的认为当记者并很轻松，选A。
13	D	推断题。根据对话中提供的信息点"饭馆"、"菜"、"尝尝"等，可以推断出他们在吃饭，选D。
14	B	细节题。根据"最近在忙考试"可以知道男的在准备考试，选B。
15	D	推断题。"真不知道怎么感谢你才好"并不是女的不感谢他，而是太感谢他了，却找不到合适的话来表达，选D。
16	C	推断题。"当然"表示语气很肯定，说明他早就认识李教授了，选C。

17	B	细节题。由关键词"菜"、"吃"可以知道他们在吃饭,选B。注意"形容词+(一)点儿"和"有点儿+形容词"的用法。
18	C	细节题。"马上就好"说明还没好,快印好了,选C。
19	D	细节题。"怎么样"表示询问对方的意见,根据"还存在很多缺点",选D。
20	C	比较题。根据关键词"真热"、"最高温度"等可以知道北京很热,选C。注意比较句的表达:A比B+形容词
21	A	细节题。女的"想回家多陪陪父母",选A。
22	C	推断题。由第一句可以知道是关于打电话的,男的忘记带手机了,所以没接电话,选C。打电话时可能会用到的句子:"请帮我转一下"、"留言"、"我帮你转告"、"接电话"、"挂电话"……
23	C	推断题。由关键信息"不听"、"没办法"可以知道爸爸还在抽烟,选C。
24	C	职业题。由"尤其是你们做导游的"得知男的是导游,选C。
25	B	推断题。注意"差一点儿"的用法,"差一点儿就赢了"意思是没有赢,选B。
26	B	地点题。文中出现"吃药"、"住院"等词,说明跟医院有关,选B。
27	D	语气题。"你怎么穿成这样"有反问的意思,说明她穿的不正式,选D。
28	C	细节题。根据"今天天气真好"可知A不对,C对;由"改天再出去玩"可知B和D不对。
29	A	因果题。通过第一句"你怎么这么晚才来"知道男的来晚了,选A。
30	B	时间题。男的虽然建议"提前一个半小时出发",但女的说因为周末车少,不会堵车。她的意思是没必要提前出发,按原定时间"七点"即可。选B。
31	B	因果题。"睡了一天,睡不着",所以在看电视,选B。注意区别"还"和"再":"还"表示继续做某事,而"再"表示重复相同的动作,如"再看一遍这部电影"。
32	B	细节题。抓关键词"租套房子"可以知道男的想要租房子,选B。
33	A	因果题。通过"因为我觉得它很吵"知道他觉得京剧太吵了,选A。

34	B	地点题。本题的信息点是"单人间"、"双人间"可以知道是在宾馆，选 B。
35	A	地点题。女的问"去艺术馆怎么走"，可知她在打听路，在找艺术馆，选 A。
36	D	第 36 到 37 题 本题信息点较为明确，36 题为细节题，通过"最简单的方法是把你的梦想写在纸条上，并贴在浴室的镜子上"可以知道选 D。
37	B	37 题为推断题，本文讲了一个提醒自己去实现梦想的方法，所以选 B。
38	C	第 38 到 39 题 38 题为细节题，在听的过程中注意关键词，由"病可以治好"可以知道选 C。
39	D	39 题为细节题，由"您以后再也不要弹钢琴了"可知选 D。
40	D	第 40 到 41 题 这段话主要介绍新西兰关于保护树木的法律规定，40 题选 D。法律规定在城市中不能随便砍伐树木，所以生活在城市中像住在森林里一样，而不是在谈论城市或森林，所以 A 和 B 不对。
41	D	41 题，根据"当事人必须提前进行申请，获得允许后才能进行"，可知规定的内容，不是绝对不允许砍伐树木，而是需要申请。因此本题选 D。
42	C	第 42 到 43 题 42 题为推断题，需要学生把握关键信息点，如对话中出现的"得奖""老师"，就可以知道说话人是干什么的，从说话中也可以看出说话人的兴奋，所以选 C。
43	A	43 题为推断题，通过最后一句"谢谢您，老师"可以知道他是学生，所以选 A。
44	A	第 44 到 45 题 44 题为地点题，听关键词"商品打折"、"顾客"，可以知道选 A。
45	D	45 题为主旨题，本文为一家商店的促销广告，可知他们在做生意。

二、阅读

题号	答案	解析
46	A	"所有"表示全部的,"所有的休息时间"就是全部休息时间,符合题意,选 A。
47	F	一个东西突然碰到另一个东西,用动词"撞",选 F。
48	C	"恐怕"表示自己推断的一种可能性,在这里意思是"可能不能陪你打羽毛球了",选 A。
49	E	根据后半句"我看到一半就走了"可以知道电影很没有意思,选 E。
50	B	情况应该用"反映",选 D。
51	A	根据文中"好日子"知道是要"祝贺"他们,选 A。
52	D	根据"冬天"、"气温"等可以知道跟天气有关,而且从第二句里我们可以找到答案"暖和",确定选 D。
53	B	结合上下文内容,在表达"出发"的时候用"按时",选 B。
54	F	"顺利"经常用来表示事情进行得怎么样了,选 F。
55	E	"钥匙",指开锁的工具,常常和"门""车"等有联系,所以选 E。
56	BAC	根据时间词"小时候"、"去年"、"有机会"确定排列顺序为:BAC。
57	CAB	"由于",表示原因或理由,常常用在前面的分句中。"并且"表示更进一层的意思,常常用在后面的分句中,顺序为:CAB。
58	BAC	根据时间词"从小",确定首先是 B,应该是先去日本留学然后回国,所以句子的排列顺序为:BAC。
59	CAB	"但"表转折关系,所以 B 一定在后面,"对……来说"引出对象,一般在句子的开始,所以句子排列顺序为:CAB。
60	BAC	根据关键词"因为……所以"可以确定 BA 的顺序,"森林"和"海洋"是"地球"的组成部分,C 句为展开的阐述,放在后面,所以正确顺序为:BAC。
61	BAC	根据关键词"因为"和"所以"可以知道 AC 肯定是在一起,由转折词"但是"可以知道 A 肯定在 B 的后面,所以可以确定句子排列顺序为:BAC。
62	ACB	根据关键词"找不到"、"也找不到"、"更不用说",可以确定句子排列顺序为:ACB。

63	BAC	首先可以由"去年八月"知道B是第一个，然后是在哪里学习，经历了什么，所以句子排列顺序为：BAC。
64	CAB	"所以……"这句应该在后面，根据句意可以知道因为没有暖气，所以屋里和屋外一样冷，句子排列顺序为：CAB。
65	BCA	"先"是表示先后顺序的词语，"质量、颜色"都是指裤子，"至于"说起另外一件事，句子顺序为：BCA。
66	A	细节题。根据"只是价格太贵了"得知食品和饮料很贵，选A。
67	D	推断题。句子意思是我用以前自己做的错事来安慰那个写错了几个字的同学，选D。我用"上次考试"来举例子，而不是现在在考试，所以B不对。文中是说"写错字"不是写答案，不选C。
68	B	推断题。从句子分析"本来以为是感冒"、"没重视"、"没想到变得这么严重"得知很后悔，选B。
69	D	细节题。从"请您看看有哪些缺点"得知是请求指出缺点，选D。文中说的是在"正式提交讨论之前"，所以还没有讨论，A不对。计划已经完成了，所以不是"请你完成计划"，不选B。
70	C	推断题。通过句子关键词"幽默"、"脾气又好"可以知道小王性格好，选择C。是别人羡慕小李，而不是小李羡慕别人，所以A不对。小李"脾气很好"，所以B"爱生气"也不对。D文中没有提到。
71	D	细节题。通过"因为文化就在人们的日常生活中"得知文化在生活中，选D。
72	D	细节题。通过句子信息知道，妹妹没把字典带回去，由"找不到的时候又该乱花钱了"可以知道妹妹可能会花钱再买一本，选D。是说话人建议"回家"，而不是妹妹"回家取"，A不对。
73	A	从说话内容以及关键词句"大夫办公室"、"护士打针的办公室"、"楼梯附近"、"洗手间"等可以判断这段话是医院工作人员向病人介绍医院的环境，应该选A。
74	A	推断题。根据"卖不出去几张"可以推断出足球票很难卖，选A。"一再打折"，说明价格在下降，所B和C不对。"卖不出去几张"说明没有卖很多，D不对。
75	C	推断题。这段话提到手机不仅可以打电话，还可以"看书、打游戏、聊天、听音乐、看电视、照相等"，说明手机作用很多，选C。A和D只是手机作用的一部分，不全面，因此不选。这段话是在谈手机的作用，不是印象，所以B也不对。

76	D	推断题。由最后一句成功者看见更多的是自己的优点，说明很自信，选D。成功的人是更多地发现自己的优点，不是本身优点很多，所以A不对。成功的人看到自己的优点比缺点多，所以B不对。由第一句"几乎不同"可以知道C也不对。
77	A	推断题。这段话提到老人和儿童在公交车上有专门的座位，就是说他们在乘坐公交车时受到照顾，选A。车上都有座位，所以B不对。应该是别人给老人和儿童让出座位，C不对。老人应该被照顾，D不对。
78	B	细节题。根据"价格又贵得让人接受不了"可以知道够大的房子价格太贵了，选择B。"没法住"说的是价格还可以的房子，不是大房子，A不对。可以买到，只是价格太贵，所以C不对。由"确实不容易"知道D不对。
79	C	这是一道分类题，"沙发"是家具，而"冰箱"、"洗衣机"都不是，应该选C。
80	C	第80到81题 80题细节题。根据第一句"动物园里来了只年轻的狮子"，选C；猴子是以前就在这里，不是新来的，所以D不对。
81	A	81题细节题，根据句子"总是给年轻狮子一根香蕉"，可以知道选择答案A。
82	C	第82到83题 82题推断题。这段话第一句就点明主题，"春节，是……，是……，也是……"，由此可知选C。
83	D	83题细节题，由"春节最常见的颜色就是红色了"，可知选D。
84	C	第84到85题 84题细节题，由第一句"生活中的语言习惯，是在一定的文化环境中养成的"可以知道选C。
85	B	85题细节题，由"文化环境变了，一些不成问题的'问题'就出现了"知道选B。

三、书写

题号	答案	解析
86	学好语言的关键是坚持。/ 坚持是学好语言的关键。	此句考查了"是"字句的基本句型。基本句型为"……是……",因此这句话的基本结构应为"关键是坚持",或"坚持是关键"。"学好语言"构成动宾结构,作定语放在"关键"的前面,修饰"关键"。所以全句应该是:学好语言的关键是坚持。/ 坚持是学好语言的关键。
87	售货员发现这是一张无效的信用卡。	这句话考查了汉语句式的基本结构和不定代词"这"的用法。此句是"主谓宾"结构,此句中"售货员"是主语,"发现"是谓语。而句中出现了不定代词"这",应该是指代售货员发现的东西,即"信用卡",因此构成"这是信用卡"的主谓结构,作为宾语。"一张"和"无效"根据多项定语的顺序应该排序为"一张无效"修饰"信用卡"。按主谓宾的顺序,所以整个句子是:售货员发现这是一张无效的信用卡。
88	长江是中国最长的河流。	这句话主要考查了"是"字句和多项定语的顺序。根据"是"字句结构,这句话的基本结构是"长江是河流"。另外,按照多项定语的排列顺序,表领属的"中国"应该放在表修饰的"最长"的前面,因此全句为:长江是中国最长的河流。
89	他喜欢收听国际广播。	这道题主要考查了"动宾结构"作宾语的用法。"喜欢"作谓语时,后面可以跟名词、代词作宾语,也可以加一个动宾结构作宾语。此句中"收听"和"国际广播"构成动宾结构"收听国际广播",放在"喜欢"的后面作宾语,表示主语"他"喜欢的对象。因此全句为:他喜欢收听国际广播。
90	律师这个职业令人羡慕。	这里主要考查了"令"的用法。"令"可以构成"令+人+心理动词\形容词"的句式,表示"什么东西让人的心理怎么样"的使动含义,此句的基本结构是"……令人羡慕"。前半部分应该是当"律师"让人羡慕,不定代词"这个"放在"律师"和"职业"中间,复指"律师",和"职业"相搭配。因此全句为:律师这个职业令人羡慕。

91	没有共同语言的两个人千万不能结婚。	这道题考查了否定词"没有"和"不"的用法。"没有"作为否定词，可以放在短语结构前面否定某种情况，因此这里应该放在"共同语言"前面，否定"有共同语言"这种情况。而"不"是从主观上进行否定，"不能"表示否定某种可能性，主观上建议不要做某事，因此可组成"千万不能结婚"。"两个人"作主语放在"不能"前面。所以全句为：没有共同语言的两个人千万不能结婚。
92	你最好把号码写在笔记本上。	这道题考查了"把"字句的基本结构。"把"字句基本结构中的一种是"主语+把+某人/某物+动词+在\到\给\成+某人/某物/某处"。这句话中，"你"作主语，"号码"是"把"的宾语，"写"是动词，"笔记本上"表示处所。"最好"作状语修饰"把"。因此全句为：你最好把号码写在笔记本上。
93	昨晚的京剧演出很精彩。	这道题考查了形容词谓语句的结构。这句话中"京剧演出"作主语，形容词"精彩"作谓语，构成主谓句。但当形容词作直接谓语时，应该在形容词前加上副词"很"修饰形容词。"昨晚的"作定语放在"京剧演出"前，修饰主语。所以全句为：昨晚的京剧演出很精彩。
94	网球这种运动需要的不只是速度。	这句话考查了"不只是"的用法和"动词+的"结构。部分动词可构成"动词+的"结构，具有名词性的含义，这里"需要"加上"的"表示"需要的东西"，在这句话中作主语部分。"不只是"表示除了一样东西之外，还有其他东西。这句话中，"网球"和"这种运动"搭配，构成代词复指的结构，再和"需要的"搭配，构成主语部分。打网球除了需要速度以外，还需要其他东西，因此"不只是速度"放在后面，作为谓语部分。全句为：网球这种运动需要的不只是速度。
95	这篇关于法律的文章特别难翻译。	这句话主要考查了"关于"的用法。"关于"表示某事物涉及的领域和范围，可以构成介词短语作定语修饰主语。这句话中"关于"和"法律"相搭配，表示这篇文章是和"法律"这个范围相关的，"关于法律"作为定语放在主语前面。这句话中"文章"作主语，"翻译"是谓语，"特别难"作状语修饰谓语，放在"翻译"前面。"这篇"指代主语"文章"，放在"关于"结构的前面。因此全句为：这篇关于法律的文章特别难翻译。

96	小朋友正在认真地弹钢琴。	图中的小朋友在钢琴边站着，很认真的样子，题目给出的词是"弹钢琴"，因此可以造句为：小朋友正在认真地弹钢琴。
97	毕业那天，他们在一起照相。	图中的人物穿着学士服，正在拍照，题目给出的词是"毕业"，显然是在拍毕业纪念照片，所以可以造句为：毕业那天，他们在一起照相。
98	朋友们一起在山里度过了愉快的一天。	这是一张野外自然风景照片，照片中的人们看上去很开心的样子。题目给出的词是"愉快"，因此考生可以发挥想象力，猜测图中人物的心情，造句为：朋友们一起在山里度过了愉快的一天。
99	他们正坐在草地上聊天。	图中有一群人围坐在草地上说着话，题目给的词是"聊天"，因此可以造句为：他们正坐在草地上聊天。
100	这里的风景真是太美丽了！	图中的地方山水很美，题目给出的词是"风景"，因此可以说：这里的风景真是太美丽了！

模拟试卷（四）

新汉语水平考试
HSK（四级）

注 意

一、HSK（四级）分三部分：

　　1. 听力（45题，约30分钟）

　　2. 阅读（40题，40分钟）

　　3. 书写（15题，25分钟）

二、听力结束后，有5分钟填写答题卡。

三、全部考试约105分钟（含考生填写个人信息时间5分钟）。

一、听 力

第一部分

第 1-10 题：判断对错。

例如：我想去办个信用卡，今天下午你有时间吗？陪我去一趟银行？
★ 他打算下午去银行。　　　　　　　　　　　　　　　　　　(✓)

现在我很少看电视，其中一个原因是，广告太多了，不管什么时间，也不管什么节目，只要你打开电视，总能看到那么多的广告，浪费我的时间。
★ 他喜欢看电视广告。　　　　　　　　　　　　　　　　　　(✗)

1. 北京很美丽。　　　　　　　　　　　　　　　　　　　　　(　　)

2. 逛长城的时候不吃东西。　　　　　　　　　　　　　　　　(　　)

3. 垃圾桶上没有字。　　　　　　　　　　　　　　　　　　　(　　)

4. 窗户引起了我的注意。　　　　　　　　　　　　　　　　　(　　)

5. 练习本里包含对话。　　　　　　　　　　　　　　　　　　(　　)

6. 飞机不能按时起飞。　　　　　　　　　　　　　　　　　　(　　)

7. 空气污染引起重视。　　　　　　　　　　　　　　　　　　(　　)

8. 学会适应社会是我们毕业后最先要做的事情。　　　　　　　(　　)

9. 对面的人成功地把车停了下来。　　　　　　　　　　　　　(　　)

10. 张教授没有来学校讲课。　　　　　　　　　　　　　　　　(　　)

第二部分

第 11-25 题：请选出正确答案。

例如：女：该加油了，去机场的路上有加油站吗？
　　　男：有，你放心吧。
　　　问：男的主要是什么意思？
　　　　　A 去机场　　　B 快到了　　　C 油是满的　　　D 有加油站 ✓

11. A 教室　　　B 厨房　　　C 市场　　　D 医院

12. A 学习　　　B 吃饺子　　　C 参观　　　D 演出

13. A 女的出国了　　　　　　　　B 女的去大使馆了
　　C 女的没有拿到签证　　　　　D 男的正好要去大使馆

14. A 幸福　　　B 有趣　　　C 幽默　　　D 马虎

15. A 下雨　　　B 车多　　　C 人多　　　D 路小

16. A 表演　　　B 小说　　　C 文章　　　D 考试

17. A 2:00　　　B 3:00　　　C 5:00　　　D 不知道

18. A 教室　　　B 客厅　　　C 书店　　　D 商场

19. A 女的把钥匙丢了　　　　　　B 女的把钥匙放家里了
　　C 男的把钥匙丢了　　　　　　D 男的捡到一把钥匙

20. A 女的买了这件衣服　　　　　　　B 这件衣服适合女的
　　C 男的反对女的买衣服　　　　　　D 这件衣服过时了

21. A 茶　　　　B 水　　　　C 咖啡　　　　D 饮料

22. A 老师　　　B 学生　　　C 明星　　　　D 朋友

23. A 老虎馆　　B 狮子馆　　C 猴子馆　　　D 动物园

24. A 办卡　　　B 换钱　　　C 填写表格　　D 办理贷款

25. A 他仍然是个记者　　　　　　　　B 他笑起来很愉快
　　C 他做生意赚了钱　　　　　　　　D 他做过很多种工作

第三部分

第 26-45 题：请选出正确答案。

例如：男：把这个文件复印五份，一会儿拿到会议室发给大家。

女：好的。会议是下午三点吗？

男：改了。三点半，推迟了半个小时。

女：好，六零二会议室没变吧？

男：对，没变。

问：会议几点开始？

A 两点　　　　B 3点　　　　C 3：30 ✓　　　　D 6点

26. A 门的附近　　B 桌子旁边　　C 杂志旁边　　D 窗户下面

27. A 不爱打羽毛球　　　　　　B 经常打乒乓球
　　C 和朋友意见相同　　　　　D 打乒乓球提供饮料

28. A 从不看小说　　　　　　　B 喜欢看小说
　　C 喜欢专业类书　　　　　　D 常被故事感动

29. A 他们要找警察　　　　　　B 加油站不远
　　C 汽车有很多油　　　　　　D 准备下班回家

30. A 大卫不太爱说话　　　　　B 女的演讲得很不错
　　C 大卫有时候害羞　　　　　D 女的参加了比赛

31. A 买杂志　　B 找广告　　C 找化妆品　　D 刊登广告

32. A 想自己买台洗衣机　　　　B 想给男的买洗衣机
　　C 知道有种洗衣机很不错　　D 觉得今天买洗衣机比较实惠

33. A 做饭　　B 加班　　C 电影　　D 理发

34. A 从学校出发　　　　　　　　　　B 在山下集合
    C 没人组织大家去爬山　　　　　　D 他们打算晚一点儿集合

35. A 要去亲戚家　　B 生病了　　C 没有吃药　　D 请假去看男的

36. A 小说　　　　B 杂志　　　　C 看法　　　　D 性格

37. A 文章的内容是经济专业　　　　　B 文章代表了少数人的想法
    C 文章只写了一部分　　　　　　　D 文章写的是大家关心的问题

38. A 性格非常好　　　　　　　　　　B 主动帮助别人
    C 在超市里工作　　　　　　　　　D 经常表扬别人

39. A 上台讲话　　　　　　　　　　　B 主动帮助别人
    C 鼓掌欢迎别人　　　　　　　　　D 代替同事讲话

40. A 爱漂亮　　　　B 很骄傲　　　C 很有意思　　D 爱打网球

41. A 比赛输了　　　　　　　　　　　B 和女朋友分手了
    C 和女朋友吵架了　　　　　　　　D 女朋友要回国了

42. A 讨厌　　　　B 怀疑　　　　C 保持　　　　D 改变

43. A 负责　　　　C 改变　　　　D 保持　　　　B 简单

44. A 唱歌　　　　B 太阳　　　　C 跳舞　　　　D 电视

45. A 前天他们在美国演出　　　　　　B 电视唱歌跳舞比赛
    C 观众朋友在鼓掌祝贺　　　　　　D 语言班表演民族舞蹈

二、阅 读

第一部分

第46-50题：选词填空。

　　A 奖金　　B 整齐　　C 增长　　D 坚持　　E 逐渐　　F 互相

例如：她每天都（ D ）走路上下班，所以身体一直很不错。

46. 同学之间要（　　）关心和爱护。

47. 工人的工资随着社会的重视不断地（　　）。

48. 我们的（　　）一般到年底的时候一起发。

49. 国庆节以后，天气（　　）冷了起来。

50. 同学们把教室里布置得很（　　）。

第51-55题：选词填空。

A 整理　　B 申请　　C 温度　　D 区别　　E 味道　　F 直接

例如：A：今天真冷啊，好像白天最高（ C ）才2℃。
　　　B：刚才电视里说明天更冷。

51. A：放寒假了，你有什么安排？
　　 B：我想把所有的学习笔记重新（　　）一下。

52. A：这两个句子有什么（　　）？
　　 B：无论语法还是用处都不相同，我给你讲讲吧。

53. A 请问，北京火车站怎么走？
　　 B：你（　　）坐地铁2号线就到了。

54. A：尝一尝（　　）怎么样，是不是有点咸？
　　 B：我吃着有点酸，再辣些更好，挺香的。

55. A：你（　　）信用卡了吗？
　　 B：还没有，我准备过两天去。

第二部分

第56-65题：排列顺序。

例如：A：可是今天起晚了

　　　B：平时我骑自行车上下班

　　　C：所以就打车来公司　　　　　　　　　　　B A C

56. A：如果你不忙

　　 B：就先给她回个电话吧

　　 C：李老师刚刚来找你了　　　　　　　　　　_____

57. A：去动物园有很多种选择

　　 B：其中，坐地铁最方便

　　 C：例如坐公交车、坐地铁、打车等　　　　　_____

58. A：那就是坚持每天写日记

　　 B：现在至少已经写了几十本了

　　 C：她从小就养成了一种好习惯　　　　　　　_____

59. A：地球将会变成一个地球村

　　 B：互相间的访问也越来越多

　　 C：随着各个国家的交流越来越频繁　　　　　_____

60. A：请你把行李箱打开
    B：然后，把机票和签证拿出来
    C：抱歉请稍微等一下   _____

61. A：虽然小时候我想成为一名科学家
    B：现在我成了一名管理专家
    C：但是后来改变了自己的理想   _____

62. A：但这个假期很难得
    B：所以我还是决定出去玩
    C：尽管旅游的时候人很多   _____

63. A：最后，我不得不选择放弃
    B：超过了我的经济能力
    C：我觉得这个房子价格太高了   _____

64. A：禁止抽烟应该写进法律规定
    B：才能使烟民的数量逐渐减少
    C：只有使用这种方法   _____

65. A：其次我更要感谢我的家人
    B：是你们给了我爱，谢谢你们
    C：首先我要感谢我的老师对我的教育   _____

第三部分

第 66-85 题：请选出正确答案。

例如：她很活泼，说话很有趣，总能给我们带来快乐，我们都喜欢和她在一起。

★ 她是个什么样的人？

A 幽默 ✓　　B 马虎　　C 骄傲　　D 害羞

66. 应聘这个岗位需要有丰富的经验，同时，你得对自己有信心，才能做得更好。

★ 应聘这个岗位：

A 很简单　　B 很专业　　C 很无聊　　D 很紧张

67. 教授讲的语法你要认真总结，按照重点顺序排列下来，写在笔记本里，方便及时查找，这样才能顺利通过考试。

★ 这段话主要谈什么？

A 写日记　　B 看文章　　C 提前考试　　D 整理语法

68. 上次你买的照相机用得怎么样？听朋友说你买的那个质量不错，价钱也很便宜，是真的吗？我也想买一个。

★ 相机怎么样？

A 质量不好　　B 停止使用　　C 非常好用　　D 千万别买

69. 昨晚的乒乓球比赛你看了吗？虽然过程很紧张，但最后还是咱们国家赢了。我跟你说的话你听了吗？在想什么呢？

★ 说话人现在最可能在：

A 学习　　B 聊天　　C 上网　　D 看比赛

70. 骑自行车出门很方便，很多地方都提供租车服务。通过骑车还可以锻炼身体，让自己在大自然中完全放松。

★ 这段话谈什么？

A 骑自行车有很多优点　　　B 锻炼身体非常重要
C 出租自行车业务不错　　　D 我们都要爱护自然

71. 随着科学技术的发展，未来的衣服材料将非常舒服，制作也将更方便，可以自己选颜色，衣服的材料甚至可以随气候的变化而变化，并且完全不用洗。

★ 这段主要谈：

A 制作衣服　　B 科学技术　　C 未来衣服　　D 温度变化

72. 山本到超市去买一支牙膏，还没有走到那里就发现自己没有带钱。他又回到宿舍，发现自己竟然也忘了带钥匙。还好电话在包里，他只好给麦克打电话，让他帮忙送钥匙。

★ 通过这段话我们知道：

A 山本在超市买到一只牙膏　　B 山本把钥匙和钱放在包里
C 山本和麦克住在一起　　　　D 山本给麦克送钥匙去了

73. 我男朋友每次和我约会时，电话总是响个不停。有一次我发脾气了，他请我理解他。他说他也想轻松一下，可是有时事情太多了，人家打过来了又不能不接。他说的也是，咱们现代人的生活压力都大啊！

★ 这段话主要讲的是什么意思？

A 有电话非常麻烦　　　B 我们的压力大
C 我经常和他生气　　　D 我不相信男朋友

74. 等明年天气暖和的时候，我打算到长江周围走走，听说当地的风景很漂亮，有许多森林，气候湿润，阳光充足，同时，我还想去参观附近的几个城市。

★ 长江周围：

A 凉快　　B 干净　　C 干燥　　D 美丽

75. 我买衣服很困难,不是太肥就是太瘦,流行的不适合我的年龄,确实合适、质量又好的衣服往往价格又很高。

   ★ 我买衣服会有什么问题?
   A 喜欢流行的衣服　　　　B 看到衣服我就要买
   C 买衣服非常不容易　　　D 只买最贵的

76. 飞机正常下午5点起飞,合同你要马上打印好。再提醒你一次,所有的资料都要全部检查一遍。

   ★ 通过上文我们可以知道:
   A 经理很高兴　　　　　　B 合同准备好了
   C 飞机推迟起飞　　　　　D 要把资料再看一遍

77. 顾客在这个超市购物完全不用担心质量问题,因为他们的管理非常严格,如果你买的东西不满意,他们允许送回,一切以顾客为中心。

   ★ 从这段话我们可以知道:
   A 可以信任这里的服务　　B 在这里购物要小心
   C 取东西非常方便　　　　D 东西买得不满意

78. 午饭后大约1点30分我离开家,我的父亲开车送我去机场。路上有些堵车,但是我的航班是4点15分,所以不着急。我又给上海的朋友打了电话,告诉他我的航班号,请他6点到机场接我,并且帮我安排一下酒店。

   ★ 从这句话,我们可以得知:
   A 离飞机起飞还有不到3个小时
   B 我已经自己定好了酒店房间
   C 1点多父亲开车带我去见上海的朋友
   D 我到机场和朋友联系见面时间

79. 请帮我打印一份招聘表格,除了姓名、性别、年龄、出生地点这些基本内容,还要有原来的工资收入情况、受到过的奖励等,然后复印100份。我们要对应聘者的个人能力进行判断。

   ★ 这段话主要是讲:
   A 填写表格　　B 打印表格　　C 工资收入　　D 受到奖励

80-81.

母亲是护士，性格活泼，爱照镜子，爱打扮，喜欢弹钢琴，不仅自己坚持减肥，还拉着我们一起锻炼。父亲是律师，冷静而幽默，偶尔唱唱京剧。只要放暑假我就回去看他们，今年我们计划去几个亚洲国家观光。

★ 母亲喜欢什么？
　A 运动　　　B 孩子　　　　C 散步　　　　D 安静
★ 我们有什么计划？
　A 唱京剧　　B 去旅游　　　C 做律师　　　D 看朋友

82-83.

世界很大，太阳、月亮以及我们生活着的地球，都是这个世界中的一份子。月亮比地球小，太阳比地球就大得多了。地球到月亮的距离最近，我们已经到过月亮上，获得了很多知识，未来我们和外面的联系会更多。

★ 世界、太阳、月亮和地球：
　A 一样大　　B 差不多　　　C 太阳大　　　D 世界大
★ 根据本文，我们可以知道：
　A 我们已经访问过月亮　　　B 地球离太阳比地球离月亮更近
　C 月亮离太阳最近　　　　　D 我们和外面没有联系

84-85.

桥上有一个大约十来岁的儿童，圆圆的脸，大大的眼睛。见我给她拍照，她尽管有些害羞，却主动看着我笑，我们逐渐熟悉起来。我问她住哪里，她伸手给我指了指桥下的窗户，告诉我她爷爷是著名的教授。一会儿她跑去又跑回，带了两朵黄色的小花，放在我的手里。我把其中一朵戴在她的头发上，她高兴地跳起来。我想，有时快乐往往就这么简单。

★ 小女孩是什么样子的？
　A 表情很紧张　B 大概五六岁　C 有点儿害羞　D 不喜欢照相
★ 这段话主要讲什么？
　A 经济　　　B 旅游　　　　C 拍照　　　　D 幸福

三、书 写

第一部分

第86-95题：完成句子。

例如：那座桥   800年的   历史   有   了

　　　　<u>那座桥有800年的历史了。</u>

86. 散步   公园里   每天   早晨   我   在

87. 我   打针   大夫   给   了

88. 大使馆的   请你   到   三层   办理

89. 垃圾桶   下面   窗户   一个   有

90. 流泪了   把   那本小说   感动得   我

91. 使用   工作中   正确的   要   方法

92. 操场   打   我们   乒乓球   在

93. 学习   了   我的   丰富   知识

94. 帮   请   一下   我   复印

95. 我们   改变   不会   友谊   的   时间

第二部分

第 96-100 题：看图，用词造句。

例如： 乒乓球 她很喜欢打乒乓球。

96. 干杯

97. 饮料

98. 困

99. 起飞

100. 购物

听力材料

（音乐，30秒，渐弱）

大家好！欢迎参加HSK（四级）考试。
大家好！欢迎参加HSK（四级）考试。
大家好！欢迎参加HSK（四级）考试。

HSK（四级）听力考试分三部分，共45题。
请大家注意，听力考试现在开始。

第一部分

一共10个题，每题听一次。

例如：我想去办个信用卡，今天下午你有时间吗？陪我去一趟银行？
★ 他打算下午去银行。

现在我很少看电视，其中一个原因是，广告太多了，不管什么时间，也不管什么节目，只要你打开电视，总能看到那么多的广告，浪费我的时间。
★ 他喜欢看电视广告。

现在开始第1题。

1. 中国的首都——北京是一个美丽的地方。
   ★ 北京很美丽。

2. 塑料袋里有饼干，另外盒子里有巧克力，够你逛长城的时候吃了。
   ★ 逛长城的时候不吃东西。

3. 垃圾桶上写着：保护环境是我们的责任。
   ★ 垃圾桶上没有字。

4. 窗户周围的植物吸引了我的注意，好像在梦里见过一样。
   ★ 窗户引起了我的注意。

5. 练习本里有填空、对话、文章总结和阅读。
   ★ 练习本里包含对话。

6. 乘客您好,我们抱歉地通知您,您乘坐的 1579 次航班因为天气原因推迟起飞,给您带来的不便请原谅。
   ★ 飞机不能按时起飞。

7. 随着空气的污染越来越严重,食品的卫生质量问题也越来越引起我们的重视。
   ★ 空气污染引起重视。

8. 毕业后,我们首先要学会适应社会,积极参加各种活动;其次要发现自己的优点,同时勇敢地接受批评与失败。
   ★ 学会适应社会是我们毕业后最先要做的事情。

9. 司机师傅回忆当时的情况说:"对面的人开车速度很快,来不及刹车就撞到了墙上,真是太危险了!"
   ★ 对面的人成功地把车停了下来。

10. 学校多次邀请张教授来给研究生讲课,但是他总是没有时间,不是在别的城市出差,就是正在科学院加班。
    ★ 张教授没有来学校讲课。

第二部分

一共 15 个题,每题听一次。

例如:女:该加油了,去机场的路上有加油站吗?
     男:有,你放心吧。
     问:男的主要是什么意思?

现在开始第 11 题:

11. 男:真香啊!你做的是什么?
    女:我在做汤!
    问:他们可能在哪里谈话?

12. 女:我要去中国留学,继续读研究生。
    男:真羡慕你!今晚我请客,咱们去吃饺子。
    问:女的去中国做什么?

13. 男：你的签证拿到了吗？
    女：还没，我还没有去大使馆问。
    问：通过谈话可以知道什么？

14. 女：抱歉，您的信用卡密码输错了，请您再输一遍。
    男：对不起，我真是太粗心了。
    问：通过谈话可以知道男的什么？

15. 男：前面发生什么事情了？
    女：由于路窄，堵车了。
    问：为什么会堵车？

16. 女：演出怎么样？
    男：太浪漫了！我很感动，最后男主角为了救女朋友而失去了生命。
    问：他们在谈论什么？

17. 男：网球比赛什么时候开始？
    女：五点准时开始，下雨的话也许会推迟，但具体时间没定。
    问：如果下雨，网球比赛几点开始？

18. 女：麻烦问一下，国际导游专业方面的书在哪里？
    男：入口对面的左边就是。
    问：他们最有可能在哪里？

19. 男：我捡了一把钥匙，不知道是谁丢的。
    女：谢谢你！暂时先放在我这里吧。
    问：发生了什么事情？

20. 女：你觉得这件衣服怎么样？
    男：样子很流行，颜色也可以。你是标准身材，皮肤又白，穿什么都好看！
    问：通过对话，我们可以知道什么？

21. 男：天气很干燥，你要多喝些水。
    女：我喜欢喝咖啡或者饮料，偶尔喝杯茶。
    问：男的建议女的喝什么？

22. 女：你对他的印象怎么样？
    男：长得很帅，像个明星，很有耐心，上课的时候也经常鼓励我们，又像个朋友一样，我们都很喜欢他。
    问：他们可能在谈论谁？

23. 男：咱们先去看猴子吧！
    女：前面就是老虎馆和狮子馆，猴子馆在相反的方向，先看老虎和狮子，我们就不用走很多路，也不会浪费时间。
    问：通过谈话可以知道他们可能在哪里？

24. 女：我想去银行换一些人民币，离这儿远吗？
    男：我正好去那边，陪你去一趟吧！
    问：女的去做什么？

25. 男：那个人挺会讲笑话的。
    女：他原来是个记者，后来做生意，丰富的人生经历使他变得聪明和幽默。
    问：通过谈话我们可以知道什么？

第三部分

一共20个题，每题听一次。

例如：男：把这个文件复印五份，一会儿拿到会议室发给大家。
      女：好的。会议是下午三点吗？
      男：改了。三点半，推迟了半个小时。
      女：好，六零二会议室没变吧？
      男：对，没变。
      问：会议几点开始？

现在开始第26题：

26. 男：你能帮我把沙发抬到窗户下面吗？
    女：好的，先把这些杂志放到桌子上吧。这沙发确实够重的，你最好换个方便点儿的。
    问：他们打算把沙发抬到哪里？

27. 女：你给我打电话了？我没带手机，刚才去打乒乓球了。
    男：你没有去打羽毛球呀，你不是说喜欢打羽毛球吗？
    女：我本来要去，但我的朋友想打乒乓球，而且打乒乓球还免费提供毛巾和饮料。
    男：那下次别忘了把我也叫上。
    问：女的是什么意思？

28. 男：你平时爱看小说吗？
    女：不常看，出差的时候翻翻。
    男：那你喜欢看什么方面的书？
    女：其实看杂志的时间比较多，里面有很多故事让我很感动。
    问：女的主要是什么意思？

29. 女：加油站还有多远，咱们的汽车快没油了！
    男：大概还有几十公里吧！
    女：不会吧，也许咱们真得找交通警察了！
    男：我和你开玩笑的。前面就是了。
    问：我们可以知道什么？

30. 男：你猜今天的演讲比赛谁赢了？
    女：估计是大卫，他的中文说得很好，平时也喜欢交流。珍妮有时候有点儿害羞。
    男：可惜你没有参加，否则肯定是你赢。
    女：我明年再参加吧，明年应该不会再忘记报名了。
    问：通过对话可以知道什么？

31. 女：上次看的化妆品广告在第几页？
    男：就在杂志的最后几页，你再仔细找找。
    女：奇怪，我怎么找不到？
    男：拿来给我看看。不是在这儿吗？
    问：他们在做什么？

32. 男：我上午去市场买了几件家具，把家里收拾了收拾。
    女：干了这么多活！都弄完了吧？
    男：还需要买个洗衣机。
    女：我知道有家商场今天在打折，并且免费送货。这是地址。你最好快点儿去，好像是最后一天了。
    问：女的是什么意思？

33. 女：你下班后别忘了去买盐啊。
    男：我今天加班，估计赶不上你的晚饭了。
    女：我也正在理发，还得做两个小时呢。
    男：实在不行就把西红柿切开，放糖，吃糖拌西红柿。
    女：西红柿都软了，被我扔进垃圾桶了。
    问：他们在谈论什么？

34. 男：下个星期日组织大家去爬山吧？
    女：好主意，我先报名。咱们在哪里集合，几点出发？
    男：集合不能太晚，要不就没什么时间玩了。
    女：那我们就七点在学校门口见，怎么样？
    问：他们是什么意思？

35. 男：我亲戚邀请我去他们家玩，咱们一起去吧？
    女：真抱歉，我恐怕去不了了。
    男：为什么？
    女：我感冒了，咳嗽得厉害，特别累，一点儿力气也没有。
    问：女的怎么了？

第 36 到 37 题是根据下面一段话：

我觉得这篇文章的内容写得很真实，也非常详细，反映了大家普遍关心的教育问题，据说这篇文章也引起了大家的热烈讨论。下面我们可以各自发表一下自己的看法。

36. 说话人在谈论什么？
37. 通过这段话可以知道什么？

第 38 到 39 题是根据下面一段话：

下面我要介绍的是一位超市的售货员。她对人非常友好，经常主动帮助有困难的人，受到大家的一致赞扬。今天她将代表所有的同事上台讲话。让我们以热烈的掌声欢迎她上台来为大家做报告。

38. 售货员为什么受到赞扬？
39. 售货员准备做什么？

第 40 到 41 题是根据下面一段话：

我来介绍一下我的朋友。我的朋友叫山本，是我们班的班长。他的中文说得很流利，可是他从来不骄傲。他喜欢打篮球，动作也非常漂亮。我们都说他是一个非常有趣的人，但是这两天他有些烦恼，因为他的女朋友要回国了。

40. 山本是个怎样的人？
41. 山本为什么烦恼？

第 42 到 43 题是根据下面一段话：

不要讨厌自己的缺点，而是要逐渐改变它；不要怀疑自己的能力，而是要用行动去证明它。对工作要有负责的态度，用简单的方法做复杂的事情，在社会的竞争中保持一个好的心情，这样你就是一个合格的员工。

42. 怎样对待自己的缺点？
43. 如何对待工作？

第 44 到 45 题是根据下面一段话：

观众朋友你们好！现在您看到的是由语言班的同学给我们表演的民族舞蹈《太阳·月亮》。她们中的部分同学还参加了前几天的电视比赛。明天他们将全部到美国大学进行演出。看她们的动作多么整齐优美！让我们为他们鼓掌吧！

44. 观众在看什么？
45. 这段话在说什么？

听力考试现在结束。

答案及解析

一、听力

题号	答案	解析
1	✓	近义题。"北京是一个美丽的地方"指北京很美丽，所以答对。
2	×	情况说明题。听句子关键词"够你逛的时候吃"，说明逛长城时他们会吃东西，所以答错。
3	×	情况说明题。根据句子关键词"垃圾桶上写着……"，说明垃圾桶上有字，所以答错。
4	×	细节题。根据听关键词句"窗户周围的植物引起了我的注意"，而不是"窗户"引起了注意，所以答错。
5	✓	情况说明题。"练习本里有填空、对话……"可以知道"对话"是练习本的一部分，所以答对。
6	✓	时间题。听关键词"推迟"，说明飞机不能按时起飞，所以答对。
7	×	逻辑关系题。原文是"食品的卫生质量问题……引起我们重视"，空气污染只是原因，所以答错。
8	✓	逻辑关系题。"首先"有"第一"、"最"的意思，根据文中的意思知道，适应社会是我们最先要做的事情，所以答对。
9	×	原因题。"来不及刹车"说明没有把车停下来，所以答错。
10	✓	根据"但是他总是没有时间"这句话可以知道，虽然"学校多次邀请"，张教授还是没有来讲过课，所以答对。
11	B	推断题。"做汤"一般都在厨房做，选B。
12	A	细节题。"留学"的意思是指到国外学习，选A。
13	C	细节题。"还没"、"还没有去"都表明还没有拿到签证，选C。
14	D	细节题。"粗心"的意思是马虎、不细心，选D。
15	D	细节题。根据女的回答"由于路窄"，可知堵车的原因是D。
16	A	细节题。听关键词"演出"，答案中与"演出"最相近的是"表演"，选A。
17	D	时间题。"具体时间没有定"说明不知道什么时候开始，选D。
18	C	推断题。女的问男的书的位置，可以推断他们在书店，选C。
19	D	细节题。男的说，他"捡了一把钥匙"，可知选D。
20	B	细节题。从"穿什么都好看"知道这件衣服适合她穿，选B。

21	B	细节题。男的说"你要多喝些水"是建议她喝水，选 B。其他三项是女的喜欢喝的和偶尔喝的，是干扰项，排除。
22	A	细节题。根据"给我们上课的时候"，知道他是老师，选 A。
23	D	逻辑关系题。他们在商量先去老虎馆、狮子馆还是猴子馆，可知他们在动物园，而不是具体的某个馆，选 D。
24	B	细节题。听"换人民币"得知要去换钱，选 B。
25	D	职业关系题。"原来是记者"排除 A 选项；"做生意"不一定赚钱，所以排除 C 选项；根据"丰富的人生经历"可知选 D。
26	D	场景分析题。从第一句话中"把沙发抬到窗户下面"可知选 D。
27	D	细节题。女的说"打乒乓球还免费提供毛巾和饮料"，可知选 D。
28	D	细节题。通过"里面有很多故事让我感动"，可知选 D。
29	B	场景分析题。通过最后一句，可知男的在开玩笑，他们不必找警察，而加油站就在前面不远，选 B。
30	B	细节题。根据"平时也喜欢交流"排除 A；根据"珍妮有时候有点儿害羞"排除 C；根据"可惜你没有参加，否则肯定赢"知道女的并没有参加演讲，排除 D。选 B。
31	B	细节题。通过关键词"化妆品广告"、"第几页"、"找找"，可知选 B。
32	D	细节题。"打折"的意思是降低东西的价格后再卖，顾客能得到实际的好处，即"实惠"，所以选 D。
33	A	细节题。通过听"买盐"、"晚饭"、"吃"知道在谈论做饭，选 A。
34	A	推断题。通过"在学校门口见"可推断出是从学校出发，所以选 A。
35	B	细节题。听"咳嗽"、"感冒"知道生病了，选 B。
36	C	第 36 到 37 题 36 题是推断题。说话人先说了自己对这篇文章的感受，然后请大家谈谈各自的想法。可以推断出他们是在谈论对这篇文章的看法。
37	D	37 题是细节题。根据"反映……教育问题"排除 A；根据"大家普遍关心"排除 B；根据"非常详细"排除 C；根据"大家普遍关心"选 D。

38	B	第 38 到 39 题
		38 题是细节题，根据"经常主动帮助有困难的人"选 B。
39	A	39 题是细节题，根据"她将代表所有的同事上台讲话"选 A。
40	C	第 40 到 41 题
		40 题是推断题，根据"他从来不骄傲"排除 B；根据"他喜欢打篮球"排除 D；根据"他是一个非常有趣的人"选 C。
41	D	41 题是细节题，原文中"女朋友要回国了"与 D 完全相同，选 D。女朋友回国不一定分手，所以 B 不正确。
42	D	第 42 到 43 题
		42 题问的是关于"缺点"的，对应在语料中是第一句话"不要讨厌……改变它"，由此可以排除 A，选择 D。
43	A	43 题问的是关于"工作"的，对应在语料中是第三句话"对工作要有负责的态度"，由此可确定答案为 A。
44	C	第 44 到 45 题
		44 题是细节题，根据"您看到的是……民族舞蹈"可知他们在看舞蹈，选 C。
45	D	45 题是推断题，语料先介绍了舞蹈，然后介绍了成员和关于这个舞蹈的明天的安排，还有他们的舞蹈动作等，综合来看，这是在介绍这个语言班表演民族舞蹈，选 D。

二、阅读

题号	答案	解析
46	F	"互相"表示两个或者两个以上的事物之间的联系,同学之间的关心和爱护用"互相",选 F。
47	C	"重视"意思是因作用重要而认真对待,与"重视工资"对应的是工资"增长",选 C。
48	A	"我们的"后面加名词,"奖金"与"发"搭配,选 A。
49	E	"逐渐"表示一段时间内事物慢慢地发生变化。句子的意思是说天气慢慢冷了起来,此处应该用"逐渐",选 E。
50	B	教室布置得怎么样,用"整齐",选 D。
51	A	根据文中"学习笔记"、"重新"知道是要"整理"一下,选 A。
52	D	"区别"是指两个或两个以上事物之间的不同,结合信息点"两个句子"、"无论语法还是用处"、"不相同",确定选 A。
53	F	结合上下文内容,在表达只选用一种交通方法的时候用"直接",选 F。
54	E	酸甜咸辣苦等都是指"味道",结合关键词"尝"和信息点,选 E。
55	B	重点词"信用卡",结合下文内容,选 B。
56	CBA	根据关联词"如果……就"先确定 BA 的顺序,再根据时间先后确定 C 在前,所以排列顺序为:CBA。
57	ACB	先说去动物园,再举例说乘坐的交通工具,最后从这些例子中选择最方便的,顺序为:ACB。
58	CAB	根据时间词"从小"提示,确定首先是 C,根据关键词"那就是"、"至少",所以句子的排列顺序为:CAB。
59	CBA	根据关键词"随着"和"也"可以确定句子排列顺序为:CBA。
60	CAB	"然后"表示有两个前后的动作,"请稍微等一下"表示请求的句子,应放在前面,所以排列顺序为:CAB。
61	ACB	"虽然……但是"是一组表示转折关系的关联词语,按照"小时候——后来——现在"的时间顺序,可知句子排列顺序为:ACB。
62	CAB	"尽管……但"是一组关联词语,"但这个假期很难得"是后面的句子"所以……"的原因,句子排列顺序为:CAB。

63	CBA	"房子"的价格高，进一步表现在"超过了经济能力"，"最后"表示的是结果，句子排列顺序为：CBA。
64	ACB	"只有……才"是一组表示条件的关联词语，"禁止抽烟应该写进法律规定"是一个总起的句子，引出下面的条件句，句子排列顺序为：ACB。
65	CAB	"首先……其次"是一组表示先后顺序的词语，"是你们给了我爱，谢谢你们"表示感谢老师和家人的原因，句子顺序为：CAB。
66	B	根据"要有丰富的经验"可推断应聘这个岗位要很专业，选B。
67	D	语料讲了要整理语法和整理语法的方法和好处，所以选D。
68	C	根据"质量不错"、"价格便宜"得知相机"非常好用"，选C。
69	D	通过句子信息知道，说话人的态度比较随便、轻松，可以排除A、D；说话人问："我跟你说的话你听了吗？在想什么呢？"由此可以知道，两个人的距离很近，选B。
70	A	主旨题，通过关键词"方便"、"锻炼身体"、"放松"可知这是说"骑自行的优点"，选择A。
71	C	根据关键词"未来的衣服"可知选C。
72	C	根据"没有带钱"可排除A；根据"忘了带钥匙"，"电话在包里"可以排除B；根据"给麦克打电话，让他帮忙送钥匙"可推断出麦克和山本是室友，C对；山本请麦克送钥匙，D的说法正好相反，错误。
73	B	根据最后一句话知道选项为B。
74	D	关键词"漂亮"的近义词为美丽，选D。A和B，文中没提到；C干燥与"气候湿润"矛盾。
75	C	根据"流行的不适合我的年龄"排除A；根据"买衣服很困难"可排除B，确定C对；最后一句是说价格高不好，所以D错。
76	D	A文中没有提到，不选；"马上打印好"，说明合同没有准备好，B不对；C与"飞机正常起飞不符"；根据最后一句话可知答案选D。
77	A	这段话说顾客不用担心质量问题，即使不满意也可以送回，因此可以信任超市的服务，所以选A。
78	A	1点30分我离开家，航班是4点15分，还差2小时45分，所以A对。最后一句"帮我安排一下酒店"说明B错。"父亲开车送我去机场"说明C错。路上堵车，我"给上海的朋友打电话"，而不是到了机场再联系，所以D错。

79	B	根据第一句话"打印一份招聘表格"可以知道选 B。C 项和 D 项为干扰项，这两项只是表格的内容。
80	A	第 80 到 81 题 80 题为推断题。母亲"拉着我们一起锻炼"可大概推断出她喜欢运动。而 A 项和 C 项文中没有提及，D 项与她"性格活泼"不符。由此确认选 B。
81	B	81 题是推断题。由"我们计划去几个亚洲国家观光"推断出选 B。A 项和 C 项为干扰项，A 项说的是父亲的爱好，C 项说的是父亲的职业，都不是"我们的计划"。
82	D	第 82 到 83 题 82 题是逻辑分析题。通过"世界很大，太阳、月亮以及……地球，都是……一份子"可以知道"世界"的范围最大，因此选 D。
83	A	83 题是推断题。根据"我们已经到过月亮上"可推断 D 项不对，A 项正确。根据"地球到月亮的距离最近"可推断 B 项和 C 项错误。
84	C	第 84 到 85 题 84 题是细节题。根据关键词"有些害羞"可知选 C。
85	D	85 题是主旨题。本文通过作者遇见小女孩及之后一些小事，总结出"快乐往往就这么简单"。由此可见本文主题是快乐、幸福。答案选 D。

三、书写

题号	答案	解析
86	我每天早晨在公园里散步。	这个句子主要考查的是"在"的位置问题,"在"经常同名词配合,表示时间、处所、方位、范围、条件、状况等。根据"散步"判断主语是"我",我在公园散步,前面加入时间"每天早晨",最后的正确答案是:我每天早晨在公园里散步。
87	大夫给我打针了。	这个句子主要考查的是介词"给"和助词"了"的用法,介词"给"和名词连用表示对象、目的,相当于"为"、"替",根据动词"打针",确定主语是"大夫","了"放在句尾表示动作的完成,这个句子的正确答案是:大夫给我打针了。
88	请你到大使馆的三层办理。	主要考查"到"作为动词的用法,有去的意思,"到+地点+动词",这个句子的正确答案是:请你到大使馆三层办理。
89	窗户下面有一个垃圾桶。	这个句子考查"有"字句的句式,句式为:地点+有+某物/人,因此这个句子的正确答案是:窗户下面有一个垃圾桶。
90	那本小说把我感动得流泪了。	这个句子主要考查"把"字句,句式为:A把B+动词+结果,因此这个句子的正确答案是:那本小说把我感动得流泪了。
91	工作中要使用正确的方法。	此句是无主语句,"工作中"是一个范围,做状语,放在前面;"使用"和"方法"搭配;"正确的"修饰"方法",要放在"方法"前;助动词"要"表示需要、应该,放动词"使用"前面。所以本句正确语序为:工作中要使用正确的方法。
92	我们在操场打乒乓球。	此句比较容易,最简单的"在"字句的格式:主语+在+地点+动词。只要懂得"操场"的意思就能答对。操场是供体育锻炼的地方。本句正确语序为:我们在操场上打乒乓球。
93	学习丰富了我的知识。	"丰富"做形容词时意思是种类多或者数量大;"丰富"也可以做动词,使种类多或者数量大,与"生活、知识、经验"等词搭配。助词"了"放"丰富"的后面表示完成,这句话的正确答案是:学习丰富了我的知识。
94	请帮我复印一下。	主要考查连动句,"帮+某人+动词"表示帮助某人做某事。"一下"是"复印"的补语。所以此句正确答案是:请帮我复印一下。

| 95 | 时间不会改变我们的友谊。 | 主要考查"改变"的用法,"改变"后接"我们的友谊",这个"友谊"是不会随着时间的改变而改变,因此这句话的正确答案是:时间不会改变我们的友谊。 |

第二部分

96	朋友们为胜利干杯。	图中每只手里拿着一杯酒,他们在碰杯,题目给的词是"干杯",可以发挥想象,造句为:朋友们为胜利干杯。
97	吃饭以前他先点了一杯饮料。	图中的男士面前放了一杯饮料,并且看上去还没有开始吃饭,题目给的词是"饮料"。因此可以造句为:吃饭以前他先点了一杯饮料。
98	她困得坐在沙发上睡着了。	图中的女士在睡觉,题目给了"困"字,说明她是因为困才睡觉的,因此可以造句:她困得坐在沙发上睡着了。
99	飞机刚刚从跑道上起飞。	图中一架飞机刚开始起飞,题目给的词是"起飞",可以造句为:飞机刚刚从跑道上起飞。
100	她们正在购物,看上去非常开心。	图中的两位女生提着很多购物袋,看上去很开心,显然是在买东西,题目给的词是"购物",因此可造句为:她们在购物,看上去非常开心。

模拟试卷（五）

新汉语水平考试
HSK（四级）

注 意

一、HSK（四级）分三部分：

  1. 听力（45题，约30分钟）

  2. 阅读（40题，40分钟）

  3. 书写（15题，25分钟）

二、听力结束后，有5分钟填写答题卡。

三、全部考试约105分钟（含考生填写个人信息时间5分钟）。

一、听 力

第一部分

第1-10题：判断对错。

例如：我想去办个信用卡，今天下午你有时间吗？陪我去一趟银行？

　　★ 他打算下午去银行。　　　　　　　　　　　　　　　　　（ ✓ ）

　　现在我很少看电视，其中一个原因是，广告太多了，不管什么时间，也不管什么节目，只要你打开电视，总能看到那么多的广告，浪费我的时间。

　　★ 他喜欢看电视广告。　　　　　　　　　　　　　　　　　（ ✗ ）

1. ★ 火车还没有进站。　　　　　　　　　　　　　　　　　（　）

2. ★ 开车上班还没有给交通带来压力。　　　　　　　　　　（　）

3. ★ 咖啡是免费的。　　　　　　　　　　　　　　　　　　（　）

4. ★ 他打算换一件小点儿的衣服。　　　　　　　　　　　　（　）

5. ★ 空的出租车在任何地方都可以停。　　　　　　　　　　（　）

6. ★ 小明参加会议会迟到十分钟。　　　　　　　　　　　　（　）

7. ★ 大家今天没去长城。　　　　　　　　　　　　　　　　（　）

8. ★ 新的历史老师很受欢迎。　　　　　　　　　　　　　　（　）

9. ★ 他早就给女朋友买好生日礼物了。　　　　　　　　　　（　）

10. ★ 他可以申请到信用卡了。　　　　　　　　　　　　　　（　）

第二部分

第11-25题：请选出正确答案。

例如：女：该加油了，去机场的路上有加油站吗？
　　　男：有，你放心吧。
　　　问：男的主要是什么意思？
　　　　　A 去机场　　　B 快到了　　　C 油是满的　　　D 有加油站 ✓

11. A 在办签证　　　B 签证材料全　　　C 拿到签证了　　　D 去法国留学

12. A 网站打不开了　　　　　　　　B 照相机用不了了
　　C 不想把照片给男的　　　　　　D 通过电子邮件把照片给男的了

13. A 下雪时最冷　　　　　　　　　B 现在北京下雪了
　　C 中国的北方很少下雪　　　　　D 女孩从没见过北京的雪

14. A 在学校　　　B 在医院　　　C 在商店　　　D 不吃苹果

15. A 比赛　　　B 考试　　　C 接人　　　D 飞机场

16. A 开门　　　B 开空调　　　C 开车　　　D 开窗户

17. A 2　　　B 3　　　C 4　　　D 5

18. A 忘记了　　　B 看比赛了　　　C 没看比赛　　　D 不看比赛

19. A 去上课　　　B 去应聘　　　C 出去玩　　　D 回宿舍

20. A 外面不冷 B 屋子里人很多
    C 里面有人抽烟 D 外面有人抽烟

21. A 换钱　　　B 买面包　　　C 买书包　　　D 买钱包

22. A 老师　　　B 学生　　　　C 音乐家　　　D 图书管理员

23. A 没电　　　B 没声音　　　C 打不出去　　D 打不进来

24. A 很累　　　B 不上班　　　C 电影精彩　　D 电影一般

25. A 180　　　B 190　　　　C 200　　　　D 90

第三部分

第 26-45 题：请选出正确答案。

例如：男：把这个文件复印五份，一会儿拿到会议室发给大家。

女：好的。会议是下午三点吗？

男：改了。三点半，推迟了半个小时。

女：好，六零二会议室没变吧？

男：对，没变。

问：会议几点开始？

  A 两点   B 3点   C 3：30 ✓   D 6点

26. A 喝酒了   B 不能喝酒   C 喝醉了   D 不喝酒

27. A 饺子   B 面条   C 蛋炒饭   D 米饭

28. A 孩子   B 姐姐   C 弟弟   D 丈夫

29. A 回家了   B 旅游了   C 读书了   D 工作了

30. A 三个小时   B 四十分钟

   C 一小时四十分钟   D 一小时二十分钟

31. A 家   B 宾馆   C 外地   D 办公室

32. A 司机   B 医生   C 老师   D 服务员

33. A 商场   B 银行   C 邮局   D 食堂

34. A 森林公园很远　　　　　　　　B 森林公园不远
　　C 城市正在堵车　　　　　　　　D 现在的交通很不好

35. A 律师　　　　B 护士　　　　C 老师　　　　D 学生

36. A 吃晚饭　　　B 看电视　　　C 弹钢琴　　　D 做数学题

37. A 很忙　　　　B 很爱玩　　　C 很聪明　　　D 速度很慢

38. A 我　　　　　B 麦克　　　　C 山本　　　　D 山田

39. A 京剧　　　　B 笑话　　　　C 英文歌　　　D 中文歌

40. A 农村环境好　　　　　　　　　B 农村有洗衣机
　　C 农村经常堵车　　　　　　　　D 农村购物方便

41. A 没有汽车　　　　　　　　　　B 不喜欢购物
　　C 心情不愉快　　　　　　　　　D 希望在农村生活

42. A 不想去　　　B 没有钱　　　C 没有去做　　D 找不到船

43. A 南海很远　　B 事情要做　　C 穷人回来了　D 富人很后悔

44. A 学校　　　　B 医院　　　　C 电视台　　　D 体育馆

45. A 喝水　　　　B 吃早饭　　　C 吃水果　　　D 吃巧克力

二、阅 读

第一部分

第46-50题：选词填空。

A 招聘   B 心情   C 重点   D 坚持   E 随便   F 羽毛球

例如：她每天都（ D ）走路上下班，所以身体一直很不错。

46. 这些知识是考试的（ ），你一定要熟悉它们。

47. 每天有个愉快的（ ），这样对身体有好处。

48. 桌子上有许多杂志，你可以（ ）看看。

49. 体育馆里正在进行（ ）比赛，我们一起去看看吧。

50. 最近有很多公司在（ ），你可以去试试。

第51-55题：选词填空。

　　A 条件　　B 堵车　　C 温度　　D 不得不　　E 打折　　F 挂

例如：A：今天真冷啊，好像白天最高（ C ）才2℃。
　　　B：刚才电视里说明天更冷。

51. A：你这件衣服应该很贵吧？
　　 B：不贵，我是在商店（　　）时买的。

52. A：我们这儿的（　　）还行吧？
　　 B：非常好！大家对你们的服务很满意。

53. A：我（　　）告诉你这个坏消息：你有一门考试没有通过。
　　 B：这可怎么办啊？我可是快要毕业了呢。

54. A：电影马上要开始了，他怎么还没来呢？
　　 B：可能是在路上（　　）了。

55. A：这件衣服怎么还没干呢？
　　 B：你还是把它（　　）在外面吧，屋里太湿了。

第二部分

第56-65题：排列顺序。

例如：A：可是今天起晚了

　　　B：平时我骑自行车上下班

　　　C：所以就打车来公司　　　　　　　　　　　　B A C

56. A：所以要麻烦你帮助他一下

　　B：什么情况也不知道

　　C：他刚刚来到中国　　　　　　　　　　　　＿＿＿＿＿＿

57. A：你可以走着去

　　B：那家商店离这儿不远

　　C：也可以骑自行车去　　　　　　　　　　　＿＿＿＿＿＿

58. A：我就一个人玩儿了

　　B：可是他不在家

　　C：上个周末我去找同学打篮球　　　　　　　＿＿＿＿＿＿

59. A：所以他就没来学校

　　B：不过我已经帮他请假了

　　C：他今天生病了　　　　　　　　　　　　　＿＿＿＿＿＿

60. A：就都变坏了

　　B：还没来得及放进冰箱

　　C：我从超市买了些香蕉　　　　　　　　　　_____

61. A：老师也很喜欢

　　B：熊猫是一种很可爱的动物

　　C：不仅学生喜欢　　　　　　　　　　　　　_____

62. A：看完后要放到原来的地方

　　B：这样方便自己也方便别人

　　C：去图书馆看杂志要养成好习惯　　　　　　_____

63. A：但是有一个缺点

　　B：他学习成绩很好

　　C：那就是经常迟到　　　　　　　　　　　　_____

64. A：他现在的成绩好多了

　　B：在老师的帮助下

　　C：原来他学习一直很差　　　　　　　　　　_____

65. A：还应该看它的质量

　　B：买东西不应该只看它的价格

　　C：这样才能买到好东西　　　　　　　　　　_____

第三部分

第 66-85 题：请选出正确答案。

例如：她很活泼，说话很有趣，总能给我们带来快乐，我们都喜欢和她在一起。

★ 根据这句话，可以知道现在：

A 幽默 ✓　　B 马虎　　C 骄傲　　D 害羞

66. 她对人很友好，总是喜欢帮助别人，而且很活泼，跟她在一起从来不会觉得无聊。

★ 她是个什么样的人？

A 热情　　B 害羞　　C 幽默　　D 勇敢

67. 他的动作很标准，速度很快，样子也很帅，是一名优秀的运动员。

★ 这段可能谈他在做什么？

A 打网球　　B 看电影　　C 弹钢琴　　D 听广播

68. 今晚的演出很好看，演员都是很有名的人。结束后，我一直想着那优美的音乐。

★ 今晚的演出怎么样？

A 无聊　　B 精彩　　C 奇怪　　D 高兴

69. 我经常通过电脑看一些新闻，查找学习资料，或者和朋友们在网上聊天。没有网络的话，我会觉得很无聊，生活也少了很多乐趣。

★ 这段主要谈我喜欢什么？

A 学习　　B 聊天　　C 上网　　D 看新闻

70. 飞机七点半起飞，我从家里出发的时候都六点半了。路上，出租车司机告诉我：如果我坐公共汽车的话，肯定就赶不上飞机了。

    ★ 我是怎么去机场的？

    A 走路　　　B 骑自行车　　　C 坐出租车　　　D 坐公共汽车

71. 大学毕业后，我找过很多工作。我非常喜欢现在的工作，在工作中我学到了很多东西。

    ★ 这段主要谈我：

    A 找工作　　　B 发工资　　　C 喜欢工作　　　D 喜欢学习

72. 让孩子做自己的事，把一切都交给他们，他们可以获得成功。我们要做的只有一件事情，那就是鼓励，再鼓励！

    ★ 为了孩子，我们应该：

    A 鼓励孩子　　　B 相信自己　　　C 做孩子的事　　　D 给孩子找事

73. 最近为什么经常可以听到"种菜"、"偷菜"这些词呢？原来这是一个在中国年轻人中非常受欢迎的网上游戏。在这个游戏中，你可以有自己的花园，种些自己喜欢的水果和鲜花。

    ★ 这段话主要谈：

    A 学习词语　　　B 网上游戏　　　C 水果鲜花　　　D 种菜和偷菜

74. 我喜欢教书，喜欢当老师的生活。教书给了我金钱之外的东西，那就是爱心。这份爱心不仅有对学生、书和知识的爱，还有对这份工作的感情。

    ★ 爱心来自于：

    A 金钱　　　B 教书　　　C 学生　　　D 书籍

75. 晚上十点，王明邀请李红去饭馆吃饭，李红对王明说："现在吗？我知道饭馆十一点就要关门了。"

    ★ 李红的意思是：

    A 不想吃饭　　　B 现在不去　　　C 想去看电影　　　D 想回家睡觉

76. 刘云和小石发生了点误会，刘云的妈妈问刘云："你有没有跟小石解释呢？"
刘云回答："解释有什么用？他不会听的。"
    ★ 从刘云的话中我们可以知道：
        A 小石不喜欢刘云   B 刘云和小石的关系不好
        C 小石不容易听进别人的意见 D 刘云已经向小石详细解释了

77. 小王生气地问小李："难道小刚做什么，你就要做什么吗？"
    ★ 小王希望小李：
        A 不要生气   B 不要太高兴   C 跟着小刚做   D 有自己的主意

78. 小方问吴飞有没有去过海底世界，吴飞回答："能去的话，我早就去了，还用等到今天？"
    ★ 从这句话，我们可以得知吴飞：
        A 去过   B 没去过   C 不想去   D 明天去

79. 天气好的时候，我就会觉得很快乐。然而我知道，好天气不是天天都有。生活也一样，不可能永远顺利。所以，如果你想一直快乐，那么不管下雨还是晴天，去发现事情好的一面吧。
    ★ 这段话主要是讲：
        A 天气   B 心情   C 生活   D 快乐

80-81.
今天是爸爸的生日，小明决定为爸爸举办一个生日会。他和爸爸最先到饭店，十分钟后，姐姐也坐出租车来了，她渴极了，坐下来，点了一杯果汁。接着，小明就点了许多好吃的菜，大家吃得很开心。最后，服务员还给爸爸上了一碗面条。这真是个有意思的生日会啊！

    ★ 姐姐点了什么？
        A 饭   B 菜   C 果汁   D 面条

    ★ 谁吃了面条？
        A 姐姐   B 爸爸   C 小明   D 服务员

82-83.

北京——中国的首都，是中国北方最大的城市，也是中国著名的旅游城市。这里四季分明，春天暖和，夏天炎热，秋天凉爽，冬天寒冷。近几年，北京的空气变得越来越好，适合人们旅游和居住。北京欢迎你！

★ 北京的哪个季节最热？
   A 春   B 夏   C 秋   D 冬

★ 北京原来的空气质量比现在的：
   A 差   B 好很多   C 好一点儿   D 差不多

84-85.

森林是大自然重要的一部分，也是我们的好朋友。她给人们的生活提供了不可缺少的树木，把受到污染的空气变为新鲜的空气。她通过自然界中的空气和水来影响气候的变化。森林一直在保护着地球，我们也要保护森林，因为我们永远离不开她。

★ 谁可以给我们提供新鲜的空气？
   A 水   B 动物   C 森林   D 大自然

★ 森林主要是通过什么影响气候的变化？
   A 水和空气   B 水和动物   C 空气和动物   D 空气和植物

三、书　写

第一部分

第 86-95 题：完成句子。

例如：那座桥　　800 年的　　历史　　有　　了

　　　<u>那座桥有 800 年的历史了。</u>

86. 你　　什么　　睡觉　　时候　　晚上

87. 更　　他们　　喜欢　　交流　　用电子邮件

88. 她　　红色　　的　　裙子　　喜欢

89. 出差　　经理　　去　　了　　昨天

90. 演员　　的　　他　　是　　优秀　　电影

91. 觉得　　你　　怎么样　　京剧　　昨晚的

92. 在　　同学们　　教室　　里　　经常　　讨论

93. 花　　有些　　冬天　　开　　才

94. 他　　去　　了　　接人　　火车站

95. 陪　　学校周围　　我　　散步　　在　　母亲

第二部分

第 96-100 题：看图，用词造句。

例如：  乒乓球　　她很喜欢打乒乓球。

 96. 窄　　　　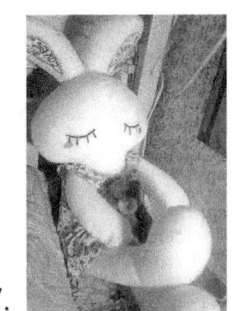 97. 有趣

 98. 阅读　　　 99. 鼓掌

 100. 垃圾桶

听力材料

（音乐，30秒，渐弱）

大家好！欢迎参加HSK（四级）考试。
大家好！欢迎参加HSK（四级）考试。
大家好！欢迎参加HSK（四级）考试。

HSK（四级）听力考试分三部分，共45题。
请大家注意，听力考试现在开始。

第一部分

一共10个题，每题听一次。

例如：我想去办个信用卡，今天下午你有时间吗？陪我去一趟银行？
★ 他打算下午去银行。

现在我很少看电视，其中一个原因是，广告太多了，不管什么时间，也不管什么节目，只要你打开电视，总能看到那么多的广告，浪费我的时间。
★ 他喜欢看电视广告。

现在开始第1题：

1. 各位乘客请注意，由于天气原因，K157次火车推迟进站。我代表火车站所有工作人员向您表示抱歉。
★ 火车还没有进站。

2. 可能是由于路远怕迟到，也许只是想多睡会儿觉，越来越多的人选择自己开车去上班，结果交通成了城市的一大问题。
★ 开车上班还没有给交通带来压力。

3. 这家饭馆里提供了很多免费的水果，比如苹果、香蕉、葡萄等，但牛奶和咖啡是需要交钱的。
★ 咖啡是免费的。

4. 姐姐昨天在超市给我买了一件衣服。我非常喜欢它的颜色，但就是号大了一点儿，明天我打算去换一件。
★ 他打算换一件小点儿的衣服。

5. 出租车只能停在规定的地方。如果你想在规定以外的地方坐出租车，即使车里没有人，出租车也不会停。
   ★ 空的出租车在任何地方都可以停。

6. 我给小明打电话说会议还有十分钟就开始了，问他怎么还没有来。他告诉我他还在路上，可能半小时以后到。
   ★ 小明参加会议会迟到十分钟。

7. 学校今天下午组织去长城参观。由于突然下雨，同学们不得不回教室上课。
   ★ 大家今天没去长城。

8. 新来的历史老师年轻美丽，上课态度十分认真，对同学们很热情，下课和大家聊天也很幽默。同学们都很喜欢跟她开玩笑。
   ★ 新的历史老师很受欢迎。

9. 马上就到跟女朋友约会的时间了，他突然想起来今天是她的生日，可是他忘了准备礼物。送蛋糕是来不及了，但是他觉得去买巧克力还是来得及的。
   ★ 他早就给女朋友买好生日礼物了。

10. 我用流利的中文告诉他们我是名在读研究生，不知能不能申请一张信用卡。他们热情地回答："银行现在也可以为学生提供信用卡服务了。"
    ★ 他可以申请到信用卡了。

第二部分

一共15个题，每题听一次。

例如：女：该加油了，去机场的路上有加油站吗？
　　　男：有，你放心吧。
　　　问：男的主要是什么意思？

现在开始第11题：

11. 女：听说你今天上午去法国大使馆办签证了，结果怎么样？
    男：他们要求我补充材料。我后来交上去了，还在等通知呢。
    问：关于男的，可以知道什么？

12. 男：寒假我们一起去旅游的照片你帮我带了吗？
    女：我早上刚刚给你发电子邮件了，告诉你我的照相机坏了，还没有修好，今天给不了你照片。
    问：关于女的，可以知道什么？

13. 女：听说中国的北方冬天会下雪。北京下雪时很冷吗？
    男：是的，但雪化成水时比下雪更冷。
    问：根据对话，可以知道什么？

14. 男：丽丽好几天没来上课了，老师说她生病，住在医院呢。我们下课去看看她吧！
    女：好的，我们先去商店买点儿水果吧，她喜欢吃苹果。
    问：根据对话，关于丽丽，我们知道什么？

15. 女：明天上午我要考试，但是我爸爸要来北京，你能帮我去飞机场接他吗？
    男：明天上午十二点前可以，下午我有乒乓球比赛。
    问：根据对话，我们可以知道他们在谈什么？

16. 男：你愿意开空调还是开窗户？
    女：如果你没有意见的话，我还是喜欢新鲜的空气。
    问：女的是什么意思？

17. 女：我真担心这次考试我又不能顺利通过。
    男：不要太担心，我和你一样，让我们再试这第五次吧。
    问：他们已经参加了几次考试了？

18. 男：昨天晚上的足球比赛你看了吗？
    女：无论怎么样我也不会忘记看比赛的。
    问：根据对话，可以知道女的是什么意思？

19. 女：今天晚上教室里有一个职业介绍课，你对它有兴趣吗？
    男：既然你提醒我了，我就有兴趣了。
    问：根据对话，可以知道男的什么？

20. 男：外面温度很低，快进来吧。
    女：是有点儿冷，但我不喜欢别人抽烟，我还是在外面吧。
    问：女的是什么意思？

21. 女：我钱包里没有零钱了，你有吗？
    男：我也没有，但是我可以从商店里换一些。
    问：他们要去商店做什么？

22. 男：你好，我要找音乐方面的书籍，在第几层？
    女：在第三层的右侧。
    问：根据对话，女的的职业可能是：

23. 女：你好，有什么可以帮忙的吗？
    男：我上个星期买的电话只能打出去，却接不到电话。
    问：根据对话，男的的电话的问题是：

24. 男：我真的很累，但是我还是很想看十二点的电影。
    女：如果我是你，我就不看了。我们明天还要上班，而且我听别人说并不是多么精彩。
    问：女的是什么意思？

25. 女：我买这些衣服需要多少钱？
    男：一百元一件，两件二百元，但是我们今天打九折。
    问：女的需要给多少钱？

第三部分

一共20个题，每题听一次。

例如：男：把这个文件复印五份，一会儿拿到会议室发给大家。
    女：好的。会议是下午三点吗？
    男：改了。三点半，推迟了半个小时。
    女：好，六零二会议室没变吧？
    男：对，没变。
    问：会议几点开始？

现在开始第26题：

26. 男：我中午想喝点儿啤酒。
    女：如果你愿意把厨房打扫干净的话，我会考虑一下。
    男：我现在腿有点疼，明天打扫可以吗？
    女：那你等到明天再喝吧。
    问：根据对话，可以知道男的什么？

27. 女：你喜欢吃什么？
    男：我喜欢吃蛋炒饭。你呢？
    女：我喜欢吃面条。我要一碗面条。
    男：好，那咱们来个蛋炒饭和一碗面条。
    问：女的喜欢吃什么？

28. 男：你现在打算去哪儿？
    女：儿童节要到了，我要去超市买点儿好吃的给小孩儿。
    男：我能跟你一块儿去吗？
    女：当然可以。
    问：女的给谁买吃的？

29. 女：暑假你去哪儿了？
    男：我回家了，你呢？
    女：我去北京旅游了，北京很好玩。
    男：真的吗？寒假我也要去。
    问：女的暑假干什么了？

30. 男：文章整理好了吗？
    女：马上，还差一点点。
    男：教授三点就到了，现在已经一点四十了。
    女：知道了，我会按时完成的。
    问：离教授到还有多长时间？

31. 女：喂，请问您找谁？
    男：我找李老师，他在吗？
    女：他不在办公室，出差了，你给他打手机吧。
    男：好，谢谢。
    问：李老师在哪儿？

32. 男：小姐，你要去哪儿？
    女：我要去植物园，需要多长时间？
    男：很快，不堵车的情况下，二十分钟就到了。
    女：谢谢你。
    问：男的可能是干什么的？

33. 女：可以用信用卡吗？我的钱不够了。
    男：可以。你的信用卡有问题了，刷不出来。
    女：那请问哪儿可以取钱？
    男：你出门往右走一百米，银行在邮局的旁边。
    问：女的要去哪儿？

34. 女：师傅，请问到森林公园需要多长时间？
    男：距离并不远，多长时间就要看城市的交通情况了。
    女：一般要多久？
    男：如果不堵车，十分钟就到了。如果堵车，就不好说了。
    问：根据对话可以知道什么？

35. 男：马上要考试了。你们班的学生准备得怎么样？
    女：我感觉他们都很紧张，有些学生压力很大。
    男：这很正常。你要多关心他们，帮助他们轻松、愉快地复习。
    女：放心吧。我会多鼓励大家，并且经常和他们交流的。
    问：女的最可能是干什么的？

第 36 到 37 题是根据下面一段话：

　　小张下午花了两个多小时打网球。吃完晚饭他连最爱看的电视节目也没看，就马上开始做数学题，好不容易做完了，又想起来还要练习弹钢琴。
　　36. 小张打完网球后接着做什么了？
　　37. 这段话主要想告诉我们小张什么？

第 38 到 39 题是根据下面一段话：

　　星期五下午有一个汉语比赛，老师让山田和麦克唱京剧，让山本唱一支中国歌。可是山本他们公司的经理星期五来中国，老师让我去唱。我不会唱中文歌，但是这是汉语比赛，只能用汉语。我可能比赛的时候给大家讲一个笑话。
　　38. 谁不能参加比赛？
　　39. 我打算比赛时表演什么节目？

第 40 到 41 题是根据下面一段话：

　　生活在农村是一种幸福。从城市来到农村，虽然没有了洗衣机、电冰箱，没有了大型的购物市场，也看不到现代艺术，却能感受到自然的阳光、植物，美丽的风景和浪漫的梦。生活在农村，不会遇到堵车，不会感到压力，连心情都在新鲜的空气中变得轻松和愉快。
　　40. 下面说法中正确的是哪个？
　　41. 根据这段话，我们可以知道作者什么？

第 42 到 43 题是根据下面一段话：

　　从前有两个人，一个很穷，一个很富。穷人对富人说："我想到南海去。"富人说："你没有钱，怎么去？"穷人说："我只要一个喝水的瓶子和一个吃饭的碗就够了。"富人说："我必须等邻居家的大船回来才可以去南海。"过了一年，那个穷人从南海回来了，富人还在等船。可见，做和不做大不一样。
　　42. 富人为什么没去南海？
　　43. 这个故事告诉我们什么？

第 44 到 45 题是根据下面一段话：

　　很多观众看了我们的节目，来信问早上锻炼以前可不可以先吃早饭。据运动专业老师介绍，比较好的办法是：先喝一杯水，吃一点儿面包或饼干，运动以后再吃一顿丰富的早饭。
　　44. 说话人最可能在哪儿工作？
　　45. 早上锻炼以前最合适做的是什么？

听力考试现在结束。

答案及解析

一、听力

题号	答案	解析
1	✓	推断题。"推迟进站"说明火车还没有进站,"抱歉"也说明火车并没有在规定的时间进站,所以答对。
2	×	推断题。"结果交通成了城市的一大问题"说明开车上班已经给城市交通带来了压力,所以答错。
3	×	细节题。原文为"牛奶和咖啡需要交钱",所以答错。
4	✓	推断题。"大了一点儿"说明要换一件小点儿的,所以答对。
5	×	推断题。"出租车只能停在规定的地方",注意"规定"一词,说明并不是在任何地方都可以停,所以答错。
6	×	时间题。会议十分钟就开始了,但小明半个小时后才到,所以他会迟到二十分钟。
7	✓	推断题。由于下雨了,同学们"不得不回教室上课","不得不"的意思是"只能",同学们只能回教室上课,可以知道大家今天没去长城。
8	✓	推断题。"同学们都很喜欢跟她开玩笑"说明老师很受欢迎。所以答对。
9	×	细节题。原文为"他忘了准备礼物",所以答错。
10	✓	推断题。原文为"银行现在也可以为学生提供信用卡的服务",说明可以申请到信用卡。所以答对。
11	A	细节题。注意关键词"补充",说明材料还不够,签证还没办好,所以B项和C项不对。签证还在办的过程中,选A。
12	B	推断题。女的说她的照相机坏了,"今天给不了"男的照片,说明男的还没拿到照片,选B。女的是发邮件告诉男的发不了相片这个事情,并没有发相片,D不能选。
13	D	推断题。"听说"一词说明女的自己没去过北方,也没有看见过北京的雪。选D。化雪更冷,A不对。
14	B	地点题。老师说丽丽"住在医院",所以选B。是对话中的女的要去商店,并不是丽丽要去商店,C不能选。
15	C	推断题。女的的意思是她自己要考试没时间,想请男的去飞机场接她爸爸,所以他们正在谈去机场接人的事,选C。

16	D	推断题。文中女的说她喜欢新鲜空气，说明她的意思是想开窗户，选D。
17	C	数字题。"再"的意思是"又一次"，"再试第五次"说明他们已经参加过四次考试了，选C。
18	B	推断题。"不会忘记"说明女的没有忘记比赛，昨晚看比赛了，选B。
19	A	推断题。男的说他现在"有兴趣了"，说明他晚上会去教室上课，选A。
20	C	推断题。题中男的说外面温度很低，建议女的"快进来吧"，女的先肯定了外面天气冷，但是她不喜欢别人抽烟，所以她会一直都在外面，那么我们可以推断抽烟的人在屋里，因此选C。
21	A	推断题。此题中女的说她没有零钱，男的说他可以从商店里换一些。因此他们要去商店换零钱。
22	D	职业题。题中男的要找关于音乐的书籍，首先可以猜出这是在书店或者图书馆，然后女的又告诉了他书的位置。因此我们可以确定女的是图书管理员。
23	D	细节题。男的说"接不到电话"，意思是别的电话打不进来，选D。
24	D	推断题。注意是男的说很累，排除答案A。女的说"我们明天还要上班"，所以排除B。女的说听别人说不是多么精彩，那么就说明它很一般，所以最终答案是D。
25	A	细节题。女的说"买这些衣服"，强调了不只是一件，男的告诉她一件100元，两件200元，可是今天打九折，200元打九折就是180元。选A。
26	B	细节题。题中男的说想喝啤酒，女的说如果想喝酒，就要把厨房打扫干净，可是男的今天打扫不了，因此今天就不能喝了。
27	B	细节题。该题主要考学生的注意力，男的说喜欢吃蛋炒饭，又问女的喜欢吃什么，女的回答喜欢吃面条，选B。
28	A	细节题。题中女的因为儿童节要到了，所以去超市买东西给小孩儿，男的希望一起去，因此该题答案是A。
29	B	细节题。男的问女的暑假去哪儿了，女的说"去北京旅游了"，可知选B。
30	D	时间题。现在是一点四十，教授三点到，从一点四十到三点还有一小时二十分钟，所以选D。

31	C	推断题。女的说李老师不在办公室，他出差了，出差指去外地办公，所以推断他在外地。
32	A	推断题。男的先问了女的去哪儿，又回答一些路况信息，可以推断出男的很有可能是出租车司机，而不可能是医生、老师和服务员，所以选 A。
33	B	推断题。女的的银行卡刷不了了，所以要去取钱，男的告诉她银行怎么走，所以女的是去银行，选 B。
34	B	根据"不堵车，十分钟就可以到了"可以知道，森林公园距离并不远，选 B。
35	C	男的要求女的多关心学生，女的说自己会多鼓励学生，说明女的最可能是老师，选 C。
36	A	第 36 到 37 题 36 题细节题。小张今天做的事依次有：打网球、吃晚饭、做数学题和弹钢琴。打完网球他吃晚饭了，所以选 A。
37	A	37 题推断题。打网球后，没时间看电视，好不容易做完数学题还要练钢琴。事情很多，所以很忙，选 A。
38	C	第 38 到 39 题 38 题推断题。老师本来想让山本唱一支中国歌，"可是山本他们公司的经理星期五来中国"，所以，老师让我唱。推测山本不能参加比赛。所以选 C。
39	B	39 题细节题。原文说"我可能比赛的时候给大家讲一个笑话"，所以选 B。山田和麦克唱京剧，所以 A 不对。原文中没有提到英文歌，所以不能选 C，原文中说我不会唱中文歌，所以不能选 D。
40	A	第 40 到 41 题 听完短文，我们可以很容易地判断出作者非常喜欢农村的生活。40 题，根据农村"没有了洗衣机、电冰箱，没有了大型的购物市场"可以排除 B 和 D；根据"不会遇到堵车"可以排除 C；根据"自然的阳光、植物，美丽的风景"和"新鲜的空气"可以确定选 A。
41	D	41 题，根据对短文的总结，我们可以清楚地发现，作者喜欢农村，他觉得"生活在农村是一种幸福"，所以选 D。

题号	答案	解析
42	C	第 42 到 43 题 42 题推断题。因为原文中提到富人说:"我必须等邻居家的大船回来才可以去南海。"富人一直在等待,而没有采取任何行动。所以选 C。
43	B	43 题综合辨析题。因为穷人什么也没有,可是他行动了,并且成功了。而富人有钱,却一直等待,没有成功。所以,事情要做才能成功,选 B。
44	C	第 44 到 45 题 44 题推断题。原文说"很多观众看了我们的节目",由此推断出最可能在电视台工作。
45	A	45 题细节题。原文中说"先喝一杯水,吃一点儿面包或饼干"。所以选 A。

二、阅读

题号	答案	解析
46	C	根据后半句可推测出,考试需要熟悉的应该是"重点"知识,且选项中只有"重点"可以和"考试"搭配,构成短语"考试的重点",表示考试中的重要部分。因此选 C。
47	B	"愉快的"后接一个名词,愉快的"心情"对身体的健康有好处。
48	E	因为是"很多杂志",杂志只是打发时间用的,所以是随便看看。
49	F	体育馆正在进行的"比赛",一定是某项运动的比赛,所以填"羽毛球"。
50	A	"在"后面可以跟一个动词,表示"正在进行某事"。选项中只有"招聘"是动词,因此应该和"在"搭配。从句子意思也可以看出来公司在聘请员工,与"招聘"意思相符,所以选 A。
51	E	A 觉得衣服应该很贵,但是 B 说不贵,商店在搞打折活动的时候东西的价格才会比平时便宜,所以选 E。
52	A	根据 B 回答的"对你们的服务很满意",和服务能有关系的就是"条件"了。
53	D	"告诉"的是个坏消息,但又必须说,所以用"不得不"。
54	B	看电影要迟到了,如果在路上,能发生的事情很有可能就是"堵车"。

55	F	根据对话，衣服前面的动词的意思是"放"，"挂"在这里意思合适。
56	CBA	C 和 B、B 和 A 之间均有因果关系。因为刚来中国，所以什么也不知道，因为什么也不知道所以需要帮助。所以排序为：CBA。
57	BAC	先说距离不远，再说交通方式可以是走路，也可以是骑车。"也"表示同样，所引导的句子放在后面。所以排序为：BAC。
58	CBA	根据时间和因果逻辑判断，先去找同学，才能知道他不在家，因为他不在家，所以自己玩儿。因此排序为：CBA。
59	CAB	由内容可以看出 C 为原因，A 为结果，CA 互为因果关系。"不过"表转折，A 与 B 构成转折关系，故排序为 CAB。
60	CBA	C 句只有"我"是主题句，一般放在开头的第一句。"就"表明前面必须有条件，因此可以得出 B 在 A 前面。因此排序为：CBA。
61	BCA	这段话的主题是"熊猫"，因此 B 句为第一句。注意关联词"不仅……也"，它们构成一个语义上的逻辑关系。故排序为 BCA。
62	CAB	这小段话的主题是：习惯。C 告诉我们去图书馆，要有好的习惯，C 句是主题句，放在第一句。"也"表明前面还有其他情况，故可以得出 A 在 B 前面，排序为 CAB。
63	BAC	找到主题句，有"他"的句子，放在第一句，所以 B 排第一。"但是"表示说另外一个话题，与 B 构成转折关系。C 是 A 的进一步说明，要放在 A 的后面，因此排序为 BAC。
64	CBA	"原来"表示过去和"现在"构成一个时间上的先后顺序。"原来"的 C 句放在第一句，B 句"在……下"表示条件，应该放在 A 的前面，A 是现在的情况，放在最后。这题主要是注意时间的先后顺序和因果关系。
65	BAC	"只"表明一方面，"还"表明还有另外的一方面，二者构成一个递进关系，所以先 B 再 A。C 是 B 和 A 的共同结果，放在最后。故排序为 BAC。
66	A	这段话中的女孩爱帮助别人，活泼，说明她很热情，应该选 A。B 项不符合热情的性格；C 和 D 在文中都没有提及。
67	A	这段话是在描述一个运动员的动作，应该选 A。B、C、D 三项活动均与速度无关。

68	B	"很好看"表示节目"精彩",应该选B。A项是指节目不好看,刚好相反;C项原文中并未体现;D项"高兴"一般用于形容人的心情。
69	C	A项"学习",B项"聊天"和D项"看新闻"都是通过"上网"做的事情,应该选C。
70	C	"路上,出租车司机告诉我"表明"我"坐出租车,应该选C。
71	C	这段话中"我非常喜欢现在的工作",谈的是"我喜欢我的工作"。应该选C。
72	A	"我们要做的只有一件事情,鼓励,再鼓励"说明我们应该鼓励孩子,应该选A。
73	B	"……的网上游戏,在这个游戏中……"说明这段话主要是谈"网上游戏",应该选B。
74	B	"教书给了我爱心",所以爱心来源于"教书",应该选B。
75	B	这段话发生在"晚上十点"。李红说"饭店十一点就要关门了",所以只有一个小时她觉得来不及,应该选B。她不是不想吃,只是时间不够,所以A错误;C和D两项并未提及。
76	C	"解释有什么用,他不会听的"表示小石不容易听进别人的意见。刘云并没有向小石解释,所以D项错误;A和B两项并没有提到。
77	D	"难道小刚做什么,你就做什么"意思是不要跟着小刚做,所以C是错误的。这句是反问句,只能反映说话人很生气,所以A是错误的,B项并未表现。
78	B	"能去的话,早就去了,还用等到今天"说明没去过,应该选B。同时这句话也说明吴飞想去,所以C项错误。
79	D	这段说的是快乐不应受到天气的影响。答案是D,而不是A。
80	C	80到81题 80题,根据"十分钟后,姐姐……点了一杯果汁"可知答案选C。
81	B	81题原文说"服务员给爸爸上了一碗面条","给"引出对象,说明面条是给爸爸吃的。因此选B。"上"在这里的意思是把饭、菜等端上餐桌。

题号	答案	解析
82	B	第 82 到 83 题 82 题，北京四季分明，根据常识即可回答此题选 B，文中"夏天炎热"也印证了这个答案。
83	A	83 题，原文说到"北京的空气变得越来越好"，说明北京的空气现在比原来好，原来比现在差，选 A。
84	C	第 84 到 85 题 84 题，原文"她……把受到污染的空气变为新鲜的空气"中"她"指的是"森林"，因此答案选 C。
85	A	85 题，原文说"她通过自然界中的空气和水来影响气候的变化"，通过此句，我们可以知道答案选 A。

三、书写

题号	答案	解析
86	晚上你什么时候睡觉？/你晚上什么时候睡觉？	这个句子主要考查用"什么"提问的一般疑问句，疑问代词"什么"在疑问句中放在"时候"、"地方"前，表示询问时间、地点，"晚上"作为状语可放在"你"的前面或者后面，动词"睡觉"放在疑问句的最后，因此全句是：晚上你什么时候睡觉？/你晚上什么时候睡觉？
87	他们更喜欢用电子邮件交流。	这个句子主要考查程度副词"更"。"更"放在谓语"喜欢"前面，表示和某种情况相比，选择更喜欢的方式。"用电子邮件"表示交流的方式。所以全句是：他们更喜欢用电子邮件交流。
88	她喜欢红色的裙子。	这个句子主要考查"喜欢"的用法。"喜欢"在这句话中作动词谓语，"裙子"作宾语，"红色"作定语修饰"裙子"。所以全句为：她喜欢红色的裙子。
89	昨天经理出差去了。/经理昨天出差去了。	此句主要考查时间状语的语序问题，以及趋向补语"去"的用法。"昨天"作为时间状语可以放在主语"经理"的前面或者后面。而"去"作为趋向性的动词，在这句话中放在动词"出差"的后面作补语，表示远离事物的方向。"了"放在动词后面，表示动作已经完成。所以全句为：昨天经理出差去了。/经理昨天出差去了。

90	他是优秀的电影演员。	主要考查"是"字句的结构。这句话基本结构是"他是演员"。"优秀的"和"电影"作为定语修饰"演员",放在宾语"演员"的前面。所以全句是:他是优秀的电影演员。
91	你觉得昨晚的京剧怎么样?/昨晚的京剧你觉得怎么样?	主要考查"怎么样"这个特殊疑问句的用法,同时考查"觉得"这个词的用法。特殊疑问结构"怎么样"一般放在疑问句的最后,经常和"觉得"相搭配,构成"觉得……怎么样"的句式,问某人对于某事或者某物的看法。这里是问"你"对"昨晚的京剧"的看法,主语"你"放在最前面,"昨晚的京剧"放入这个特殊疑问句结构中,所以全句是:你觉得昨晚的京剧怎么样?这个句子也可以把"昨晚的京剧"放在句子开头,全句是:昨晚的京剧你觉得怎么样?
92	同学们经常在教室里讨论。	这句话主要是考查"在什么地方做什么"。基本句式是"在+地点+动词"。所以这句话应组合为"在教室里讨论"。其中"在教室里"是状语,修饰谓语"讨论。"主语是"同学们",放在最前面。副词"经常"也做状语,放在"在"字结构的前面。所以全句是:同学们经常在教室里讨论。
93	有些花冬天才开。	这个句子主要考查副词"才"的用法。"才"和时间词搭配时,时间词放在"才"的前面,表示事情发生得晚,并且"才"后面要加表示主语动作的动词。此句式为"主语+时间词+才+谓语(动词)","花"是主语,"冬天"是时间词,"开"是"花"的谓语,所以全句为:有些花冬天才开。
94	他去火车站接人了。	这个句子主要考查"去什么地方做什么"的用法,同92"在"的句式。
95	我陪母亲在学校周围散步。	这个句子主要考查连动句,"陪"、"散步"这两个动作,"陪"在前,"散步"在后。"陪"一般来说是年轻人陪年老的人或下级陪上级,因而是"我"陪"母亲"。"在"是一个介词,与"学校周围"形成状中短语,这个句子的正确答案是:我陪母亲在学校周围散步。
96	这条美丽的小路很窄。	图中有一条又小又窄的道路,题目给出的词是"窄",因此可以造句:这条美丽的小路很窄。
97	这只玩具真有趣!	图中有一只可爱的兔子玩具,题目给出的词是"有趣",因此可以造句为:这只玩具真有趣。

98	女孩在认真地阅读一本故事书。	图中的女孩在看书,而且十分认真的样子。而题目给的词是"阅读",因此可以造句为:女孩在认真地阅读一本故事书。
99	大家一起鼓掌欢迎他的到来。	图中是很多人在鼓掌,题目给的单词是"鼓掌","鼓掌"的有很多,考生可以发挥自己的想象,造句为:大家一起鼓掌欢迎他的到来。
100	我们应该把垃圾扔进垃圾桶。	图中有一个垃圾桶,考生可以发挥自己的想象力,造出更有意义的句子,如:我们应该把垃圾扔进垃圾桶。

责任编辑： 付　华
封面设计： 水　墨

图书在版编目（CIP）数据

新HSK（四级）模拟试卷及解析 / 东方汉院编制．—北京：华语教学出版社，2011
 ISBN 978-7-5138-0085-3

Ⅰ．①新… Ⅱ．①东… Ⅲ．①汉语－对外汉语教学－水平考试－解题 Ⅳ．① H195-44

中国版本图书馆CIP数据核字（2011）第 098554 号

新 HSK（四级）模拟试卷及解析

东方汉院　编制

*

© 华语教学出版社有限责任公司
华语教学出版社有限责任公司出版
（中国北京百万庄大街 24 号　邮政编码 100037）
电话：(86)10-68320585, 68997826
传真：(86)10-68997826, 68326333
网址：www.sinolingua.com.cn
电子信箱：hyjx@sinolingua.com.cn
北京虎彩文化传播有限公司印刷
2011 年（16 开）第一版
2024 年第 1 版第 3 次印刷
ISBN 978-7-5138-0085-3
004900